3년후미래

두번째 금융위기의 충격과 대응
3년후미래

2017
2016
2015

• 김영익 지음 •

한스미디어

머|리|말

앞으로 3년,
위기인가 기회인가

저는 지난 25년 동안 금융시장에서 주로 이코노미스트로 일했습니다. 새벽부터 밤늦게까지 치열하게 살아가는 애널리스트 세계를 직접 경험했고, 증권사 리서치센터장과 민간 경제연구소장으로 일하면서 글로벌 경제의 큰 흐름을 볼 수 있었습니다. 또한 투자자문사에 일하면서 돈의 흐름을 지켜보았습니다. 지금은 현장을 떠나 서강대학교 등 여러 대학교에서 학생들에게 저의 이런 경험을 전달하고 있습니다.

저는 25년 동안 글로벌 금융시장을 지켜보면서 쌓아온 지식을 객관적 입장에서 이 책에 담으려 노력했습니다. 제가 금융회사에 몸담고 있었다면, 이런 책을 쓰기 어려웠을 것입니다. 제가 2007년 미국에서 글로벌 금융위기가 발생하고 그 여파가 우리 금융시장에 올 것"이라고 전망했을 때 많은 분이 저를 싫어했습니다. 제가 속한 회사의 일부 지점장들은 저 때문에 영업이 안 된다고 저를 원망했고, 투자자들에게 질책도 많이 받았습니다. 그러나 제 예상보다 조금 늦긴 했지만, 2008년에 미국에서 글로벌 금융위기가 시작되었습니다.

저는 2017년 전후에 중국에서 시작하여 미국을 강타하는 글로벌 금융위기가 다시 올 것이라고 내다봅니다. 2008년 금융위기 때는 중국이 내수를 부양하여 세계 경제가 공황에 빠지는 것을 막아주었습니다. 그래서 "중국만이 자본주의를 구제한다"는 말까지 나왔습니다. 그러나 그때 중국은 지나치게 투자를 늘려 경기를 부양했습니다. 이제 중국은 과잉 투자 문제로 시달리고 있습니다. 그 결과, 기업과 은행이 부실해지고 그림자 금융 문제는 갈수록 심각해지고 있습니다. 쌓인 부실은 한 번은 처리하고 넘어가야 합니다. 그 과정에서 중국은 해외에 투자한 자금 일부를 환수할 수밖에 없고, 이는 달러 가치 하락을 통해 미국 경제에 심각한 타격을 줄 것입니다. 다음에 올 금융위기는 달러 중심의 글로벌 통화 체제를 바꿀 만큼 전 세계 금융시장에 큰 충격을 줄 전망입니다.

한국 경제는 1997년 외환위기와 2008년 글로벌 경제위기를 겪으면서 더 취약해졌습니다. 한국 경제에서 수출이 차지하는 비중은 훨씬 더 늘었고, 가계는 부실해졌습니다. 특히 중국 경제에 대한 의존도가 지나치게 높아졌습니다. 한국 경제는 2008년 글로벌 금융위기 때, 중국의 높은 경제 성장 때문에 다른 나라보다 충격을 덜 받았습니다. 그러나 이 과정에서 중국 의존도가 높아졌고, 중국 경제가 어려워지면 한국 경제가 받는 충격은 그만큼 더 커질 것입니다.

2008년 글로벌 금융위기를 겪으면서 한국 경제의 성장 능력이 3% 안팎으로 떨어졌는데, 2017년 이후에는 2% 정도로 더 추락할 가능성이 높습니다. 정책 당국이 적극 대응하지 않으면 한국 경제는 장기적으로 디플레이션에 빠질 수도 있습니다. 정책 당국 특히 한국은행이 미래를 내다보면서 과감하다 싶을 정도로 정책을 내놓고 대응해야 할 시기입니다.

물론 위기는 기회입니다. 중국은 그동안 제조 및 무역 강국을 목표로 내세웠는데, 그 목적을 어느 정도 달성했습니다. 이제 중국은 금융 강국을 추구하고 있습니다. 중국이 무역 강국을 달성하는 과정에서 한국이 중국에 수출을 늘려 대규모의 무역 흑자를 누렸던 것처럼, 중국이 금융 강국이라는 목표를 추구하는 과정에서 한국은 금융을 통해 돈을 벌 기회가 있을 것입니다.

우리는 어떻게 하면 위기를 성공적으로 극복하고 그 속에 숨은 기회를 잘 살릴 수 있을까요? 이 책의 마지막 장에서는 한국 기업과 개인들이 구조적인 저성장·저금리 시대에 어떻게 대응해야 할 것인가를 제시했습니다. 귀한 자산을 지키고 늘리는 데 조금이라도 도움이 되었으면 하는 마음이 간절합니다.

이 책이 나오기까지 많은 분의 도움을 받았습니다. 우선 제 견해를 밝힐 수 있는 장을 마련해준 '네이버(전문가 칼럼)'와 《한경 비즈니스》에 감사드립니다. 그곳에 쓴 글의 상당 부분을 수정하고 보완해서 이 책에 담았습니다. 지난번에 이어 다시 출판 기회를 준 한스미디어 관계자에게 감사의 말씀드립니다. 제가 연구하고 글을 쓸 수 있도록 편안한 공간을 제공해준 레전드 파트너스의 박정윤 사장과 봉원길 대표에게 고마운 마음 전합니다.

얼마 전에 결혼한 딸 솔이 그들만의 희망을 이루길 바라며, 대학에서 경제학을 공부하고 있는 아들 찬과 함께 경제를 더 깊이 연구하고 싶습니다. 늘 제가 겸손하게 살 수 있도록 싫은 소리를 입에 담는 아내 박현주에게 사랑을 전합니다. 오래전에 저세상으로 떠나신 부모님께 이 책을 바칩니다.

2014년 5월
김영익

CONTENTS

머리말 앞으로 3년, 위기인가 기회인가 • 004

프롤로그: 거대한 변화, 두 번째 금융위기 시나리오 • 012
베이징, 2016년 7월 1일 오전 10시 • 013 | 도쿄, 2016년 7월 1일 오전 11시 • 017 | 서울, 2016년 7월 1일 오전 11시 • 019 | 워싱턴, 2016년 6월 30일 오후 10시 • 022 | 브뤼셀, 2016년 6월 30일 오전 10시 • 024 | 비엔나 OPEC, 2016년 7월 1일 오전 10시 • 027

1장 위기는 중국에서 시작된다

01 함께 행복했던 미국 소비자와 중국 생산자 • 031

02 중국만이 자본주의를 구제한다? • 035

03 글로벌 경제위기의 진원지 중국 • 039
중국 경제 10%에서 7% 안팎으로 성장 둔화 • 040 | 고성장의 후유증 심각 • 042

04 그림자 금융이 위기의 도화선? • 045
중국의 그림자 금융 31조 위안, GDP의 54% • 045 | 금리 규제로 그림자 금융 확대 • 047 | 그림자 금융 부실 심화 • 048 | 직접금융시장 활성화와 금리 자유화 • 050 | 구조조정 과정에서 글로벌 금융시장에 큰 충격 • 051

2장 미국 경제는 쇠퇴하고 달러 가치는 폭락한다

01 글로벌 금융위기 이후의 미국 경제 · 057
미국의 경제위기 극복 과정 · 058 | 양적 완화 축소 시작 · 061 | 단기 순환상 경기 정점근접 · 064

02 미국, 중국으로 디플레이션 수출 · 067
디플레이션 가능성 높아져 · 068 | 미국 재정 정책 한계, 통화 정책으로 대응할 수밖에 없어 · 071 | 미국이 중국에 디플레이션 수출 · 073

03 달러 가치 폭락 시나리오 · 075
2002년부터 달러 가치 하락 추세 · 076 | 미국 경제 불균형 해소 과정에서 달러 약세 · 077 | 미국으로 자금 유입 줄어 · 079 | 디플레이션 압력으로 2015년까지 제로 금리 유지 · 081 | 달러 가치 폭락 시나리오 · 083

3장 또 다른 뇌관, 일본과 유럽 그리고 신흥국

01 일본 경제: 재정 파탄을 피할 수 있을까? · 091
20년 이상 디플레이션 상태 · 091 | 아베노믹스의 목표는 디플레이션 탈피 · 093 | 일본 중앙은행, 통화 공급 확대 지속 · 094 | 일본의 재정 파탄, 글로벌 경제 불안의 뇌관 · 095

02 유로존 경제: 재정 통합이냐 유로 해체냐? · 098

03 이머징 마켓의 변화 · 102
장기적으로 이머징 마켓이 세계 경제의 성장 축 · 102 | 2016년 전후 위기를 겪을 가능성 높아 · 103

04 또 다른 변수, 금값 상승과 달러 가치 하락 · 106
중국이 세계 최대 금 시장으로 부상 · 107 | 달러 가치와 금 가격 사이에 역상 관계 높아 · 108

4장 3년 후 한국, 위기는 그림자처럼 다가온다

01 3년 후 다가올 경제위기의 성격 • 113

02 한국 경제, 앞으로 5년 동안 2%대 저성장 • 118
잠재 경제 성장률 3%대로 하락 • 119 | 계단식으로 낮아지는 경제 성장률 • 120 |
잠재 능력 수준으로 성장하려면 총수요 부양해야 • 124

03 1인당 국민소득 4만 달러 시대? • 128
1인당 국민소득, 1만·2만 달러 돌파 후 진통 • 129 | 2015년 3만 달러 예상 • 130

04 공공 부문의 부실이 경제위기 초래 • 137
정부와 공기업 부채 1000조 원 넘어 • 138 | 공공 부문 부채 심화는 경제위기 초래 • 142

5장 어떻게 위기에 맞설 것인가?

01 한국은행, 디플레이션 파이터가 되라 • 147
디플레이션 가능성 높아져 • 147 | 한국은행의 적극적 통화 정책 운용 필요 • 151

02 위안화 거래소를 설립하라 • 155
중국은 금융 강국과 위안화 국제화 추구 • 156 | 위안화 거래소 설립, 적극 대응 필요 • 158

03 가계 소득을 늘려라 • 162
국민총소득 중 가계 소득 감소 • 162 | 제도 부문 간 소득 재분배 과정 전개 예상 • 165

04 해외 투자에서 국부를 늘려라 • 168
저축률이 투자율 초과, 경상수지 확대 • 168 | 적자 재정으로 경상수지 흑자 폭 더 늘 전망 • 170 | 수출로 번 돈, 해외 투자로 높은 수익률 내야 • 171

6장 거대한 변화를 이기는 기업과 개인의 생존법

01 금리 1%대 시대가 온다 · 177
저축이 투자보다 많아, 시장 금리 적정 수준 이하 유지 · 178 | 통화 정책의 기본 틀, 재점검 필요 · 181

02 배당금이 늘어야 주가가 오른다 · 184
주가가 올라야 배당금이 늘었다 · 185 | 너무 인색한 기업들 · 187 | 증시 주변 환경은 높은 배당금 요구 · 189

03 집값 단기 상승, 장기 하락 · 192
대출 금리가 주택 가격에 중요한 영향을 준다 · 192 | 중장기적으로는 하락 추세 이어질 전망 · 196 | 장기적으로는 인구 구조가 주택 가격 결정 · 197

04 전셋값 상승, 임차인 회수 여부 불확실성 증가, 금융회사 부실 초래 · 200
수급 불균형으로 전셋값 급등 · 201 | 임차인 전세금 회수 여부 불확실성 증대 · 203

05 저금리하에서 금융회사와 기업의 자금 운용 · 207
구조적으로 저금리 경제 · 207 | 금리 1%대 시대 대비해야 · 209 | 기업 자금 조달과 함께 운용도 중요 · 210 | 금융회사 국채 매수 늘 전망 · 212

06 저금리 시대 개인의 자산 운용 · 213
개인 금융자산이 부채보다 더 빠르게 증가 · 214 | 개인의 금융자산 중 주식 비중은 감소 · 216

07 국민연금, 우리 돈 잘 굴리고 있나? · 220
국민연금, 400조 원 이상 금융자산 운용 · 221 | 비교적 높은 투자 수익률 거뒀지만, 앞으로가 문제 · 221 | 국민연금 주식 1% 늘리면 주가는 0.35% 상승 · 224

08 금융업 구조조정: 금융회사들이 사라진다 · 227
지난 20여 년 동안 금융 업종 주가 정체 · 227 | 기업, 은행에서 돈 덜 빌려 써 · 229 | 역마진에 시달릴 보험업 · 230 | 경쟁력 없는 금융회사, 시장에서 퇴출 · 232

에필로그: 희망의 시나리오는 있다 · 235

참고문헌 · 239

프|롤|로|그

거대한 변화,
두 번째 금융위기 시나리오

영원히 지속될 수 없는 것은 영원히 지속되지 않는다.

— 허브 스타인

    2017년 글로벌 금융위기는 어떤 모습으로 우리에게 다가올까? 그 진원지는 어디이며 어떻게 진행될까? 그것을 더 쉽고 생생하게 전달하기 위해 본격적인 내용에 들어가기에 앞서 가상의 시나리오를 붙였다. 2017년의 대격변이 찾아오기 전인 2016년의 중국, 미국, 일본, 유럽, 한국의 경제 상황을 그려본 것이다. 물론 내 상상 속의 전개이다. 하지만 세계 경제 흐름이 지금과 같이 계속된다면 실현 가능성이 매우 높다. 이 이야기를 통해 새로운 금융위기의 실체가 어떤 것인지 감感을 잡게 되기를 바란다.

베이징, 2016년 7월 1일 오전 10시

중국 상하이 증권시장의 종합주가지수가 1410을 기록했다. 2015년 7월에 비해 50%나 하락했다. 2016년 상반기 경제 성장률은 5%를 겨우 방어한 수준이다. 그야말로 일대 위기에 봉착했다. 중국 국가주석은 긴급 논의를 진행해야 했다. 그는 중국 권력의 중심지인 베이징 중난하이 지구로 각료들을 소집했다.

주석: 바쁘신데 긴급 소집에 응해주셔서 감사합니다. 여러분을 오늘 이 자리에 모이라고 한 이유는 구조조정을 위해 공적 자금을 마련하는 방안을 논의하기 위해서입니다. 여러분도 아시다시피 기업과 은행의 부실이 더는 내버려둘 수 없을 정도로 늘어났습니다. 그림자 금융 문제 또한 갈수록 심각해지고 있습니다. 이제 부실한 기업과 은행은 과감히 퇴출시키고 잠재적으로 경쟁력 있는 기업만 살려내야 합니다. 그러자면 엄청난 공적 자금 투입이 필요합니다. 이 자금을 정부가 상당 부분 마련해야 하겠습니다만, 해외 투자 자금을 일부 회수하는 것이 어떻겠습니까? 현재 우리 외환 보유액이 5조 달러가 넘었는데, 너무 많지 않은가요?

외교부장: 우리 외환 보유액이 너무 많은 것은 사실입니다. 그렇지

만 미국 국채를 파는 것은 신중하게 생각하셔야 합니다. 우리가 미국 국채를 판다는 소식이 알려지면 우리 다음으로 보유액이 많은 일본과 석유수출국기구OPEC 국가들이 연이어서 매각에 나설 수 있습니다. 그러면 미국 국채 가격과 달러 가치가 동반해서 폭락할 것입니다. 자칫하면 우리가 가지고 있는 1조 5000억 달러의 미국 국채가 휴지 조각이 될 수도 있습니다. 또한 미국과의 외교 문제도 심각한 수준에 이르게 될 것입니다.

국무원 총리: 반드시 그렇지는 않습니다. 우리가 그동안 미국 달러와 국채 가격 하락에 대비해서 어느 정도 준비를 해왔기 때문입니다. 금을 꾸준히 사두었습니다. 이제 우리 중국은 세계 최대의 금 보유국입니다. 달러 가치가 폭락하더라도 금 가격이 상승할 것이기 때문에 국채 가격 하락에 따른 손실을 어느 정도 만회할 수 있을 것입니다. 여기에 대해 인민은행 총재께서는 어떻게 생각하십니까? 우리 경제의 실리적 측면에 대해 말씀해주시지요.

인민은행 총재: 현재 미국 달러는 교환 수단으로서 의미를 가지고 있을 뿐 더는 가치 저장 수단이 되지 못합니다. 1913년의 1달러의 가치는 지금 5센트밖에 되지 않습니다. 우리가 부작용을 우려해서 미국 국채를 팔지 않더라도 언젠가는 누군가가 팔 것입니다. 예를 들면 러

시아 같은 나라가 먼저 나설 수도 있습니다. 이 점을 고려해야 할 것입니다.

그리고 중국의 경제 상황 변화에 적합한 실질적인 선택이 필요합니다. 우리는 그동안 제조 및 무역 강국을 목표로 내세웠는데, 그 목표를 거의 달성했습니다. 우리 교역 규모는 미국을 앞서고 있습니다. 우리가 이제 추구하고 있는 것은 위안화의 국제화와 더불어 금융 강국으로의 성장입니다. 그동안 중국 경제는 수출과 투자 중심으로 성장했습니다. 그러다 보니 과잉 투자 등 많은 부작용이 발생했습니다. 이제 소비 중심으로 성장 축을 바꾸어야 합니다. 그러려면 우리 위안 가치가 어느 정도 올라가야 합니다.

이와 함께 우리 중국은 자본시장을 개방하고 금리 자유화를 과감하게 추진해야 합니다. 지금의 위기가 초래된 이유가 무엇입니까? 실물 부문은 세계 경제사에서 전례가 없을 정도로 빠르게 성장했지만, 금융 부문이 뒤졌기 때문입니다. 특히 금리를 낮은 수준으로 규제하다 보니 과잉 투자가 발생했고, 그림자 금융도 확대되었습니다. 가능한 한 빨리 금리 자유화를 추진해야 합니다. 금리가 시장 상황에 맞게 오르면 경쟁력 없는 기업은 자연스럽게 시장에서 퇴출당할 것입니다. 또한 금리가 오르면 가계 소득도 늘어나 소비가 증가하면서 우리 경제가 안정적으로 성장할 수 있는 토대를 마련할 것입니다.

물론 우리가 미국 국채 매각에 나서면 우리 경제와 글로벌 경제에 큰 고통이 뒤따를 겁니다. 그러나 종합적으로 보아야 합니다. 주석과 총리께서 과감한 결단을 내려 새로운 시대를 열기를 바랍니다.

국방부장: 미국이라는 나라는 그동안 기축통화국이라는 지위를 내세워 분수에 넘치는 생활을 해왔습니다. 미국은 단지 돈을 찍어낼 뿐이었습니다. 이 돈으로 우리 상품을 값싸게 사갔습니다. 그리고 우리가 사준 국채로 해외에 군대를 파병해 세계 경찰 노릇을 하고 있습니다. 그저 종잇조각을 인쇄해서 버터와 총을 동시에 사간 것입니다. 터무니없는 특권을 누린 셈이지요. 이제 "양이 극에 달하면 음을 위하여 물러난다"는 우리의 옛 격언을 되새겨볼 때입니다. 이 기회에 우리 주변국에게 중국의 존재를 다시 각인시켜 주어야 합니다. 특히 한국은 중국에서 돈을 다 벌어가면서 방위는 우리를 견제하는 미국 편에 서 있습니다.

주석: 우리의 영웅 덩샤오핑 지도자는 "창문을 열면 파리도 들어오지만, 햇빛과 맑은 공기도 들어온다"고 했습니다. 이번 사태로 우리뿐만 아니라 세계 경제에 큰 타격이 뒤따르겠지만, 결단을 내려야 할 때입니다. 이번 일을 계기로 우리나라가 금융 대국으로 갈 수 있도록 최선의 노력을 경주해주시길 바랍니다.

도쿄, 2016년 7월 1일 오전 11시

중국이 미국 국채 일부를 팔기로 했다는 소식이 로이터와 블룸버그를 통해 알려지면서 도쿄는 물론 홍콩, 상하이, 싱가포르 등 외환시장에서 엔화 가치가 폭등했다. 2016년 상반기 125엔까지 올라갔던 엔/달러 환율이 80엔으로 급락했다. 일본 총리는 일본 정치의 1번가로 불리는 나가타초 총리 관저로 각료들과 중앙은행장을 긴급 소집했다.

총리: 여러분도 모두 들으셨겠습니다만, 중국이 미국 국채 일부를 팔기로 결정했다고 합니다. 그래서 오늘 우리 엔화 가치가 폭등하고 주가는 10% 이상 떨어지고 있습니다. 긴급하고 중대한 대책이 필요한 상황입니다. 재무장관께서는 우리가 어떻게 대응해야 한다고 생각하십니까?

(재무장관은 국제금융 담당 차관을 쳐다본다.)

국제금융 담당 차관: 중국이 황금 거위의 목을 비틀기 시작했습니다. 준비통화인 달러의 지위를 뒤흔들었습니다. 하지만 준비통화는 탄생했다가 소멸하는 법입니다. 지난 2500년 동안 10여 개의 통화가 준비통화 역할을 하다가 사라졌습니다. 달러의 지위 상실은 이미 예견된 상황이었습니다. 중국이 아니더라도 누군가는 황금 거위의 목을

건드렸을 것입니다. 현재 달러 가치 유지를 위한 강력한 카르텔도 존재하지 않습니다. 30개국도 안 되는 나라만이 국제통화기금IMF에 대외 준비금의 통화 구성을 보고하고 있습니다. 그런데 우리는 외환 보유액 중 90% 이상을 미국 국채로 가지고 있습니다. 그래서 우리의 손실은 다른 어떤 나라보다 더 큽니다. 국민의 저항도 있을지 모르겠습니다. 이번 일을 계기로 외환 보유고 구성을 유로와 위안 등으로 다변화할 필요가 있습니다.

중앙은행 총재: 우리는 지난 4년 동안 디플레이션을 탈피하기 위해 혼신의 노력을 다했습니다. 2012년에 비해 본원통화가 2배 반이나 증가했습니다. 그 결과 2014년부터는 물가가 오르기 시작했습니다. 1990년 이후 물가가 지속적으로 하락하면서 우리 국민들이 소비를 미래로 미루었지만, 물가가 오르자 소비를 하기 시작했고 경제도 서서히 회복되고 있습니다. 그런데 중국의 미국 국채 매도 소식으로 우리 통화 가치가 폭등하면서 그동안 노력한 결과가 물거품이 돼가고 있습니다. 우리가 할 수 있는 일이라곤 돈을 더 풀어 엔 약세를 유도하는 것이 전부입니다. 지금 그 외에는 다른 방법이 없습니다.

준비통화
각 나라가 대외 지급을 위하여 보유하는 국제적인 기축통화를 가리킨다.

> **본원통화**
> 각 나라 중앙은행이 화폐 발행의 독점적 권한을 통해 공급한 통화를 말한다. 화폐 발행액과 예금 은행이 중앙은행에 예치한 지급준비예치금의 합계로 측정된다.

서울, 2016년 7월 1일 오전 11시

이날 한국의 코스피지수는 외국인의 대량 매도로 5% 이상 폭락했다. 일본 엔화와 중국 위안화 가치의 상승으로 달러 대비 원화 환율도 920원에서 880원으로 떨어졌다.

한국 대통령은 청와대 지하 벙커에서 긴급 경제장관 회의를 열었다. 대통령이 지하 벙커에서 국가안전보장회의NSC를 소집한 것은 여러 차례 있었지만, 정부 경제장관 회의를 주최한 것은 매우 드문 일이다. 2008년 글로벌 금융위기 때 전前 대통령이 지하 벙커에서 경제장관 회의를 주재한 적이 있는 정도이다.

대통령: 글로벌 금융시장이 매우 불안해졌습니다. 우리는 잠재 성장률을 4%로 올리고 고용률 70%를 달성한다는 것을 국정 목표로 내걸었습니다. 그리고 1인당 국민소득 4만 달러 시대를 여는 토대를 마련하겠다고 국민에게 약속했습니다. 이번 사태가 우리 경제에 어

떤 영향을 미치겠습니까? 그리고 우리가 어떻게 대응해야겠습니까?

기획재정부 장관: 대통령께서 말씀하신 목표는 사실상 달성하기 어려워 보입니다. 중국 경제위기로 중국 수출이 크게 줄었습니다. 이번 사태로 미국 경제마저 침체에 빠진다면 우리 경제에는 2008년과 같은 위기가 찾아올 것입니다. 하지만 저는 지나치게 걱정할 사안은 아니라고 봅니다. 우리 외환 보유액이 4000억 달러를 넘어섰고, 경상수지가 국내총생산GDP의 3% 정도로 흑자를 내기 때문에 1997년과 같은 외환위기는 오지 않을 것이기 때문입니다.

장기적인 면에서는 기회 요인도 존재합니다. 엔화 강세로 우리 수출 경쟁력이 개선될 수도 있습니다. 그리고 위안화 강세로 중국이 소비 중심으로 성장할 전망입니다. 중국에 소비재를 수출할 방안을 다각도로 마련할 때입니다. 또한, 중국 관광객 증가에 따른 활력도 기대할 수 있습니다. 한 해 우리나라를 방문하는 중국 관광객이 600만 명 정도 됩니다. 위안화 강세로 수년 내에 1000만 명을 넘어설 것입니다. 중국 관광객을 더 적극 유치해야겠습니다. 서비스산업을 육성해서 우리의 잠재 생산 능력을 높이겠습니다.

금융위원회 위원장: 기획재정부 장관의 말씀처럼 긍정적인 측면도 있습니다. 하지만 그럼에도 금융시장은 상당 기간 매우 불안할 것 같습

니다. 주가 하락이 우려됩니다. 부동산시장이 좀 살아나 국민의 체감 경기가 개선되었습니다만, 이번 사태로 부동산 경기마저도 다시 침체될 가능성이 높습니다. 집값 하락이 전세대란으로 이어져 부채가 높은 가계를 더 어렵게 하고, 은행 등 금융회사도 부실하게 만들 수 있습니다. 금융 시스템 리스크를 다시 점검하겠습니다. 무엇보다도 국민 심리를 안정시키는 게 중요합니다. 나아가 이 기회에 금융산업도 적극 육성해야 하겠습니다. 중국 경제가 높은 성장을 하는 과정에서 우리가 대중 수출을 늘려 큰 혜택을 보았던 것처럼, 앞으로 중국이 금융 대국을 목표로 내세운 만큼 자본시장을 개방하고 금융을 자유화할 것이기 때문에 여기서 기회를 찾아야 할 것입니다.

한국은행 총재: 외환시장에 직접 개입할 필요가 있습니다. 그리고 이 기회에 중국을 재평가해야 합니다. 우리나라 무역 구조를 보면 2005년부터 10년 이상 중국 무역수지 흑자가 전체 흑자를 넘어섰습니다. 올해도 마찬가지입니다. 지난해부터는 중국이 우리 상품을 수입해가면서 달러 대신 위안화를 더 많이 지급하고 있습니다. 그동안 미국과의 관계 때문에 위안화 거래소를 설립하지 못했습니다만, 이제 설립해야 합니다. 그리고 외환 보유액 운용도 다변화해야 합니다. 다행스럽게도 우리는 미국 국채를 다른 나라보다 상대적으로 덜 보유하고 있습니다. 중국이 금융 대국과 위안화 국제화를 추구하는

과정에서 자본시장을 충분히 개방할 것입니다. 특히 금리 자유화로 금리가 오를 가능성이 높습니다. 따라서 미국 국채보다는 중국 국채에서 더 수익을 낼 수 있을 것입니다. 그리고 많은 경제전문가가 우리도 일본식 디플레이션에 빠지지 않을까 걱정하고 있습니다. 이번 글로벌 금융위기로 우리 잠재 성장률이 한 단계 더 떨어져, 그런 우려는 더 커질 것입니다. 우리 경제가 디플레이션에 빠지지 않도록 통화 정책을 더욱 더 적극적으로 운용하겠습니다.

다음 날 미국의 신용평가회사 무디스는 중국과 한국의 국가신용등급을 한 단계씩 강등했다. 한국 신용등급을 내린 이유는 주로 두 가지였다. 첫째는 중국 경제위기에 따라 대중 수출 의존도가 높은 한국 경제가 부정적 영향을 가장 크게 받는다는 것이다. 둘째는 재정수지 악화 등 공공 부문의 부채가 너무 많아 구조조정이 필요하다는 것이다.

워싱턴, 2016년 6월 30일 오후 10시

재무장관: 밤늦게 전화 드려 죄송합니다. 시급하게 보고 드려야 할 큰 사건이 발생했습니다. 대사관 정보에 따르면 중국과 일본이 우리 국채를 팔기로 했답니다. 그래서 아시아 외환시장에서는 달러 가치

가 폭락하고 있습니다. 뉴욕 주식시장에서도 선물 가격이 대폭 하락하고 있습니다. 긴급회의를 소집해서 대책을 마련하고 있습니다만 시장을 이길 수는 없는 것 같습니다.

대통령: 얼마 전까지만 해도 재무장관 당신뿐만 아니라 연방준비제도이사회 의장이나 경제자문위원회 위원들도 중국이 자기 돈을 휴지 조각으로 만드는 일이 없을 거라고 했지 않습니까? 중국이 그런 무모한 일을 저지르다니요! 도대체 믿어지지 않는군요. 우리가 중국에 직접투자한 돈이 얼마나 됩니까? 우리 국채 매도를 금지하고 중국 기업에 투자한 돈을 회수한다고 하면 어떨까요?

재무장관: 오늘 이론의 여지없이 확실해 보이는 것도 내일이면 전혀 다르게 보일 수 있습니다. 우리는 그간 국채 매각이라는 단기 차입을 얻어 해외 기업에 직접투자 형태로 장기 투자했습니다. 직접투자한 돈을 단기에 끌어들일 수는 없습니다. 설사 그것이 가능하다고 하더라도 직접투자 회수는 무역 전쟁으로 가는 일입니다. 앞서 말씀드렸지만 큰 흐름을 거역할 수는 없는 것 같습니다. 지금까지 시장을 억누르려 했던 사람은 많았지만 성공한 사람은 아무도 없습니다.

대통령: 연준 의장과 의논해보셨습니까? 그는 뭐라고 합니까?

재무장관: 2008년 경제위기 이후 적극적 통화 정책으로 경제가 회복되었고 실업률도 5%대로 떨어졌기 때문에 이미 양적 완화를 종료하고 올해 상반기에 금리를 인상했다고 합니다. 이번 사태로 금리를 더 올리지 않을 수 없답니다. 이미 우리 경제가 잠재 성장 능력 수준으로 성장해 물가 상승 압력이 나타나고, 달러 가치 폭락으로 물가 상승세가 가속화하지 않을까 우려하고 있습니다. 또한 국채 매도를 막기 위해서도 금리를 더 인상해야 한답니다. 다시 우리 경제가 위기로 갈 가능성이 높아지고 있습니다. 더 큰 문제는 달러가 기축통화 지위를 잃을 수 있다는 것입니다. 외국인이 우리 국채를 팔면 다시 양적 완화를 통해 연준이 국채를 살 수 있습니다만, 그렇게 되면 하이퍼 인플레이션이 발생하고 달러 가치는 더 떨어질 것입니다. 진퇴양난입니다.

대통령: 중국이라는 나라가 우리를 왜소하게 만들고 있군요. 우리 세대에는 그런 나라가 없을 줄 알았는데…….

브뤼셀, 2016년 6월 30일 오전 10시

2016년 초 미국의 금리 인상으로 유로화 환율이 1.21달러까지 떨어졌다. 그러나 중국과 일본 등이 미국 국채를 팔면서 유로화도 엔화와 더불어 가치가 큰 폭으로 상승했다. 6월 말 유로 환율이 1.65달러까지 상승했다. 이런 상황에서 중국의 미국 국채 매각에 따른 경제위기가 예상되었다. 사태의 긴박성에 따라 브뤼셀에서 유로권의 재무장관과 중앙은행 총재 회담이 급히 열렸다.

ECB 총재: 2014년부터 유로 경제가 마이너스 성장을 마치고 완만하게 회복되고 있습니다. 그러나 성장세가 미약하여 겨우 1% 성장에 머무르는 상태입니다. 이런 상황에서 유로화 가치가 급격하게 상승하면 우리 수출 경쟁력이 떨어지고, 다시 경기가 침체에 빠질 것입니다. 우리 중앙은행은 미국처럼 양적 완화를 통해 유로화 강세를 막고 경기를 부양해야 하겠습니다. 2015년 하반기부터 은행이 중앙에 돈을 맡길 때 마이너스 금리를 적용하고 있습니다만, 이를 더 확대할 필요가 있습니다.

독일 재무장관: 우리는 돈을 더 푸는 것에 반대합니다. 독일 국민은 1920년대 초에 하이퍼 인플레이션을 겪은 경험이 있기 때문에 인플레이션 트라우마에 빠져 있습니다. 구조조정을 계속해야 합니다. 우리 독일 정부는 2012년에 그리스 한 나라를 유로에서 탈퇴시킬 것인가 아니면 그리스·아일랜드·키프로스·스페인·포르투갈의 5개국을 탈퇴시킬 것인가에 대한 시나리오를 마련하고 우리가 부담할 비

용까지 계산한 적이 있었습니다. 당시 유로가 노벨 평화상을 받아 더 이상 논의할 수 없었습니다만, 뼈아픈 구조조정을 하지 않는다면 새로운 유로 구상을 해야 할 것입니다.

이탈리아 재무장관: 유로를 만든 이유가 뭡니까? 제1차 세계대전 때 800만 명, 제2차 세계대전 때 4000만 명의 고귀한 생명이 희생되었습니다. 이런 참상을 없애자고, 전쟁하지 말자고 유로를 만든 것 아닙니까? 그리고 독일은 마르크화가 지나치게 강세로 가는 것을 두려워했고, 프랑스는 프랑이 약세로 가 자존심이 상해서 유로에 동의했지요.

프랑스 재무장관: 우리도 새로운 유로를 구성하는 것에 반대합니다. 우리의 최종 목적은 재정 동맹입니다. 그런데 우리는 은행 동맹도 아직 마무리하지 못한 상태입니다. 빠른 시일 내에 은행 동맹 협상을 타결하여 유로 지역 전 은행을 감독할 수 있는 기구를 만들어야 합니다. 여기서 유로 지역 주요 은행의 예금을 유로화로 보장해야 합니다. 그리고 재정 동맹 협상도 빨리 타결해야 합니다. 솔직히 말씀드리자면 유로 출범으로 가장 큰 이익을 본 나라는 독일 아닙니까? 유로화가 탄생하지 않고 독일이 마르크화를 그대로 가지고 있었다면 마르크화 가치가 큰 폭으로 상승했을 겁니다. 그러면 독일은 지금처

럼 수출로 많은 돈을 벌어들이지 못했을 것입니다.

유로권 각국 재무장관과 중앙은행 총재들은 자국 이해관계에 맞춘 방안을 중심으로 설전을 벌였지만, 생산적인 결론에는 도달하지 못했다.

비엔나 OPEC, 2016년 7월 1일 오전 10시

OPEC 회원국 대표자들도 긴급회의를 가졌다. 그들은 미 달러화로 표시된 유가를 달러화·유로화·위안화로 구성된 통화 바스켓으로 바꾸기로 했다는 결의안을 발표했다. 보도 자료에는 회원국들의 자산과 구매력을 보존하기 위해서 그 같은 결정에 이르렀다고 쓰여 있었다.

1장

위기는
중국에서 시작된다

2017

함께 행복했던
미국 소비자와 중국 생산자

중국 경제는 미국 소비자와 더불어 성장했다고 표현해도 과언이 아닐 것이다. 따라서 중국 경제를 살펴볼 때에는 미국 경제와 함께 보며 그 연관성을 염두에 두고 파악하는 유기적 시각이 필요하다.

1990년대 중반 이후 미국에서는 과학기술 발전이 꽃피운 정보통신 혁명이 전개되었다. 정보통신 혁명은 생산성 향상으로 나타났다. 1980년에서 1995년까지 미국의 노동생산성이 연평균 1.5% 증가했으나, 1996년부터 미국 경제가 위기에 빠지기 직전인 2007년까지 그 증가율은 2.7%로 높아졌다.

생산성이 향상되었다는 것은 물건을 더 싸게 많이 공급할 수 있다는 의미이다. 경제학 교과서를 보면 총수요와 총공급이 균형을 이루는 곳에서 한 나라의 국내총생산과 물가가 결정된다. 그런데 미국에서는 비약적인 생산성 향상이 이루어져서 총공급 곡선이 오른쪽으로 이동했다. 이에 따라 미국 경제는 높은 성장을 하면서도 물가는 안정되는 신경제new economy를 달성했다. 일반적으로 경제가 호황을 누리면 사람들이 물건을 많이 사기 때문에 물가가 올라야 한다. 그런데 미국 경제는 생산성 향상을 통해 고성장과 저물가를 동시에 거머쥘 수 있었다.

여기까지는 좋았다. 문제는 미국 가계가 이런 신경제를 지나치게 믿고 너무 많은 소비를 했다는 데 있다. 그리고 중국의 생산자들이 물건을 싸게 공급한 것도 미국 가계의 과소비를 부추겼다. 중국이 풍부한 노동력 등 값싼 생산요소를 투입하여 물건을 저렴하게 생산해서 미국 소비자들의 욕구를 충족시켜 준 것이다. 이 과정에서 미국 소비자들은 물건을 싸게 살 수 있어서 행복했다. 중국 생산자들은 더 많은 돈을 벌 수 있어서 행복했다.

중국은 미국 수출을 통해 엄청난 돈을 벌어들였다. 1995년에서 2007년까지 중국의 대미 무역흑자는 1조 8000억 달러에 이르렀다. 그런데 중국은 미국에서 벌어들인 돈의 절반 정도를 미국 국채를 사들이는 데 사용했다. 중국의 미국 국채 매입 규모는 2008년 7274억 달러로 일본의 6260억 달러를 넘어섰다. 중국이 미국의 최대 국채 보유국으로 부상한 것이다.

외국인의 미국 국채 보유 중 중국 비중도 2001년 8%에서 2008년 24%로 증가했다. 같은 기간 일본의 비중은 31%에서 20%로 감소했다. 최근 동향은 조금 다르다. 중국의 미국 국채 보유 비중은 2010년 26%를 정점으로 2013년 22%로 떨어졌다. 중국이 미국 국채 매입 규모를 상대적으로 줄이고 있는 것이다. 어쨌든 이러한 중국의 국채 매입은 미국의 금리 하락에 크게 기여했다.

중국의 생산자들은 미국 소비자들에게 물건을 값싸게 공급했을 뿐만 아니라 미국에서 번 돈으로 국채를 사들임으로써 돈 공급을 늘려 미국 금리를 낮춰주었다. 이에 따라 미국의 소비는 더 증가했고 주택 가격이 상승하는 등 경기가 불타올랐다. 여기에 꼬리를 물고 중국의 대미 수출은 더 늘었다.

미국은 생산성 향상으로 물가가 안정된 데다가 중국의 국채 매수로 말미암아 금리가 계속 떨어졌다. 1999년 말 6.3%였던 미국 국채(10년) 수익률은 2008년 초에는 3.5%까지 하락했다. 이런 금리 하락은 주가와 집값을 상승시키는 데 크게 기여했다. 풍부한 돈이 더 수익성이 높은 투자처를 찾아나섰기 때문이다. 특히 주택 가격이 급등했는데, 케이스-실러 주택가격지수(10대 도시 기준)가 2000년대 들어 2006년 4월까지 2.3배나 상승했다.

미국에서 이런 자산 가격의 급등은 소비를 부추겼다. 미국 가계 대부분이 주택을 담보로 돈을 빌려 소비 지출을 늘렸다. 주택 가격이 지속적으로 상승하자 주택이 현금인출기가 된 것이다. 그러나 이 과정에서 미국 가계가 부실해졌다. 미국 가계 부채가 가처분소득에서 차지하는 비중이 1995년 86%에서 2002년에는 100%를 넘어섰고, 2007년에는 130%로 사상 최고치를 기록했다. 한편 미국 금융회사들도 저금리가 지속되자 모기지 채권을 담보로 위험이 높은 고수익 상품을 개발하여 돈을 끌어들였다.

그러나 이런 패턴이 끝을 보이기 시작했다. 2006년 하반기부터 주택 가격이 서서히 하락한 것이다. 미국 소비자들은 파티를 끝내고 그동안 금융회사에서 빌렸던 돈을 어떻게 갚을까 고민하기 시작했다. 이 과정에서 금융회사들의 부실이 드러났다. 2008년에는 업계 4위였던 리먼브라더스가 파산하면서 미국에서 금융위기가 본격적으로 시작되었다.

가처분소득
개인소득 중에서 소비나 저축을 자유롭게 할 수 있는 소득을 말한다. 가계가 일정 기간에 얻은 소득 중에서 세금이나 이자 지급 등의 세외 부담을 제외하고 사회보장금이나 연금과 같은 이전소득을 보탠 것이다. 언제든 자유롭게 소비나 저축에 사용할 수 있는 소득이기 때문에 가처분소득이 높을수록 소비가 늘어나는 경향이 있다.

중국만이
자본주의를 구제한다?

2008년 미국에서 시작한 경제위기는 전 세계로 확산되었다. 2009년에는 세계 경제가 1990년 이후로 처음으로 마이너스 성장(-0.4%)을 했다. 수출 중심으로 성장한 중국 경제도 그 영향에서 벗어날 수 없었다. 2009년 중국의 대미 수출은 12% 줄었고 전체 수출도 16%나 감소했다.

그러나 중국 경제는 2009년에 오히려 10%나 성장하여 올림픽을 개최했던 2008년 9%보다 더 높은 성장률을 달성했다. 세계 경제가 위기에 빠졌는데도 어떻게 중국이 이처럼 높게 성장할 수 있었을까? 정부 주도의 과감한 투자를 하고 내수를 부양했기 때문이다.

중국 정부는 수출 감소로 경기가 위축되는 것을 막기 위해 우선 투자를 늘려 경기를 부양했다. 2008년 11월 국무원은 4조 위안(GDP의 약 13%)의 경기 부양책을 발표했는데, 이 가운데 45%를 철도와 항만 등 인프라에 투자하기로 했다. 이런 국가 투자 증가가 경제 성장에 크게 기여했다. 2009년 투자(고정자본 형성)의 경제 성장 기여율이 80%로 사상 최고치를 기록했다. 투자가 국내총생산에서 차지하는 비중도 2009년 47%로 2000년의 35%에 비해서 크게 늘었다. (나중에 설명하겠지만 이때의 과잉 투자가 최근 기업의 부실을 초래하고 경제위기의 원인이 되고 있다.)

또 다른 측면에서는 소비가 증가하면서 중국 경제가 높은 성장을 했다. 세계 경제사를 보면 1인당 국민소득이 3000달러를 넘어서면 서서히 소비 주체로 부상하는 경향을 보인다. 2008년 중국의 1인당 국민소득이 3404달러로 사상 처음으로 3000달러를 넘어섰다. 2012년에는 6071달러로 4년 사이에 거의 2배 증가했다.

기본적으로 소득 증가가 소비 증가 요인이 되었지만, 중국 정부의 내수 부양책도 소비 증가에 크게 기여했다. 중국 정부는 2009년 4월 저조한 소비 의욕이 사회보장제도의 미비에 기인한 것으로 판단하고 의료제도 개혁 방안을 마련했다. 그 이전까지 상황을 보면 의료비 급증, 의료보장제도 미비, 보장 수준 저열 등의 문제로 '칸빙구이看病貴(진료비나 약값이 비쌈)'나 '칸빙난看病難(진료받기가 어려움)'과 같은 사회적 문제가 팽배한 실정이었다. 2009년 4월에 통과된 '의료개혁 방안'은 그 당시 가입률이 25%에 불과하던 의료보험을 2012년에는

90% 이상으로 올리는 것을 목표로 설정했었다.

또한 중국 정부는 2009년 8월에 중장기적으로 내수를 활성화하기 위해서 소비자 할부금융회사 운영의 법률적 근거를 마련했다. 여기에 따라 매달 고정적 수입이 있는 중·저소득층 계층이 전자제품을 사거나 집수리 등 개인 소비 활동을 할 때 소비자 금융회사를 통해 월 수입 5배 이내에서 무담보 할부금융을 지원받을 수 있게 되었다.

여기다가 높은 저축과 GDP 대비 낮은 소비 비중도 소비 증가를 초래했다. 한국의 경우를 보면 1988년 올림픽을 개최한 이후, 가계의 한계소비성향이 높아지면서 GDP에서 소비 비중이 1988년 49%에서 1996년 52%로 증가했다. 중국도 느리지만 서서히 소비 비중이 상승했다. 2008년 35%에서 2012년에는 36%로 늘고 있다.

이처럼 글로벌 금융위기로 선진국을 중심으로 한 세계 경제가 마이너스 성장을 할 때에도 중국 경제는 소비와 투자 증가로 높은 경제 성장을 달성할 수 있었다. 이에 힘입어 세계 경제는 미국 등 선진국의 경기 침체에도 불구하고 극단적인 불황에 빠지지는 않았다. 이런 의미에서 "중국만이 자본주의를 구제한다"는 말까지 나왔다. 중국이 시장경제에 참여하기 시작한 1979년에는 "자본주의만이 중국을 구제한다"는 말이 나왔었는데 그 반대의 표현이 등장한 것을 보면 격세지감이 든다.

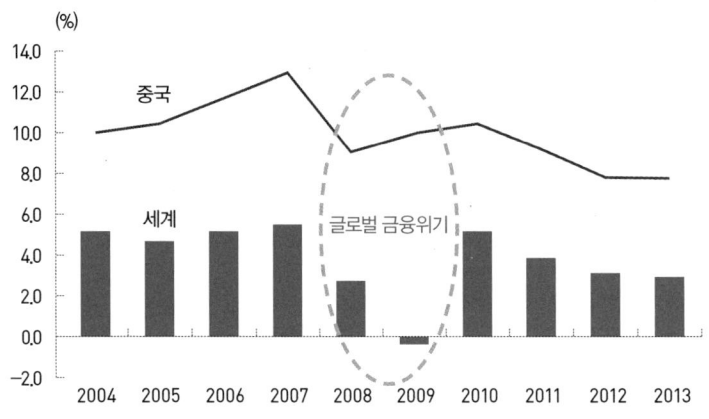

03

글로벌 경제위기의 진원지
중국

크리스틴 라가르드 IMF 총재는 가끔 신흥국발 경제위기를 경고하곤 한다. 되돌이켜보면 거의 10년마다 글로벌 경제위기가 발생했다. 1987년에 미국의 '블랙 먼데이'로 선진국에서 약한 금융위기가 있었고, 1997년에 우리나라를 비롯한 아시아 신흥국가들이 외환위기를 겪었다. 그리고 2008년 미국의 '서브프라임 모기지 사태'에서 시작한 글로벌 금융위기는 아직 진행형이다. 10년 주기로 보면 2018년 전후에 경제위기가 또 올 수 있는데, 라가르드 총재는 그 위기의 진원지를 신흥국 중에서도 고성장을 했던 브릭스BRICS로 보고 있는 것 같다. 특히 중국이 위기의 중심일 가능성이 높다는 시각도 있다.

> **브릭스**
> 신흥 경제 5개국. 브라질Brazil, 러시아Russia, 인도India, 중국China, 남아프리카공화국South Africa의 머리글자를 따서 만든 조어이다.

중국 경제 10%에서 7% 안팎으로 성장 둔화

중국이 자본주의 경제에 편입했던 1978년에서 2010년까지의 33년 동안 중국 경제는 연평균 10%라는 매우 높은 성장을 달성했다. 이는 세계 경제사에 전례가 없을 정도로 높은 성장률이다. 이처럼 중국이 높은 성장을 이룰 수 있었던 이유는 생산요소 가격이 매우 저렴했기 때문이다. 중국 정부는 저금리 자본을 산업에 할당했다. 공장용 토지 가격은 매우 낮았다. 그리고 가격을 통제하면서 싼 에너지를 산업 현장에 제공했다. 여기다가 농촌에서 도시로 몰려든 풍부한 저임금 노동력이 있었다.

그러나 이제 생산요소들의 가격이 올라가고 있다. 우선 근로자의 임금이 빠른 속도로 상승하고 있다. 지난 30년 동안 '한 자녀 갖기 운동'을 펼쳐 출산율이 낮았다. 노동 인력 비중도 머지않아 정점을 지날 것이다. 토지도 점차 희소해지고 그 가격도 오르고 있다. 정부도 더는 기업에 신용을 싸게 공급하지 않을 것이다. 에너지와 유틸리티 가격도 자유화하고 있다. 또한 도로·항만·건설 등 사회간접자본에도 과거처럼 대규모로 투자하지는 않을 것이다.

한편 수요 측면에서도 중국 경제가 두 자릿수 성장을 계속하기 어려운 환경이 전개되고 있다. 1990년대 중반부터 정보통신 혁명으로 미국 경제가 높은 성장을 하는 과정에서 가계는 소비를 크게 늘렸다. 중국은 낮은 임금을 바탕으로 물건을 값싸게 생산해서 미국 소비자들에게 팔았다. 중국 생산자들이 미국 소비자들의 욕구를 충족시키는 과정에서 중국은 미국으로부터 큰돈을 벌어들일 수 있었다.

그러나 2008년 금융위기를 겪으면서 미국 가계가 디레버리징을 하고 있다. 가처분소득에서 가계 부채가 차지하는 비중이 줄어들고 있는 것이다. 가처분소득이 어느 정도 증가한 탓도 있지만, 가계 부채 규모 자체도 감소하고 있다. 이는 미국 소비자들이 더 이상은 돈을 빌려 소비를 하지 않는다는 의미이다. 여기다가 중장기적으로 위안화 가치는 오르고 미 달러 가치는 떨어지는 추세이다. 이런 식으로 중국 상품의 가격이 오르면 미국 가계의 중국 상품에 대한 수요도 둔화될 가능성이 높다. 또한 중국의 최대 수출 지역인 유로 경제가 국가 채무 위기와 함께 경기 침체를 겪고 있다. 이렇듯 선진국의 낮은 경제 성장으로 중국의 수출 증가율이 둔화될 수밖에 없을 것이다.

레버리징 leveraging
외부로부터 자본이나 자금 따위를 들여와서 이용함.

디레버리징 deleveraging
빚을 상환함. 즉, 부채를 줄여감.

고성장의 후유증 심각

중국 경제가 그동안 고성장을 할 수 있었던 이유는 수출과 더불어 투자가 크게 늘었기 때문이다. 우선 총 고정투자가 국내총생산에서 차지하는 비중이 1990년에 35%였으나, 2005년에는 42%까지 상승했다. 2008년 미국에서 시작된 글로벌 금융위기를 극복하는 과정에서 중국 정부는 투자를 더 늘려 경기를 부양해야 했고, 2011년에는 이 비중이 48%까지 상승하면서 사상 최고치를 기록했다. 그러나 이제 각 산업에서 과잉 투자 문제가 심각하게 발생하고 있다. 2012년 철강산업의 가동률이 70% 정도로 매우 낮은 수준이고, 다른 산업도 대부분 공급 과잉 문제를 심각하게 겪고 있다. 이제 더는 중국 경제가 투자를 기반으로 고성장을 이어갈 수 없게 되었다.

소비가 증가하지 않으면 중국 경제는 경착륙할 것이다. 이를 우려해 중국 정부는 소비 중심으로 경제 성장을 유도하고 있다. 중국에서 소비가 늘어날 이유를 여러 가지 측면에서 찾을 수 있다. 중국인의 소비 증가는 자연스러운 흐름이다. 앞에서 말했듯 1인당 국민소득 3000달러가 그 분기점이 된다. 그리고 중국 정부의 사회보장제도 확충, 위안화 강세에 따른 수입품의 가격 하락 등이 합쳐져 소비 증가가 지속될 것이라 예상할 수 있다.

이처럼 중국 경제의 성장 축은 투자와 수출 중심에서 소비 중심으로 바뀔 가능성이 높아졌다. 그러나 소비 증가 추세는 완만하게 진행될 것이다. 과거 중국 정부가 국영 기업에 투자하라고 지시하면 기업은 곧바로 투자 지출을 늘렸다. 하지만 이런 식으로 가계 소비 지출을 강제할 수는 없다. 이 과정에서 투자와 수출이 소비 증가보다 더 빠르게 위축되면 중국의 경제 성장률은 크게 떨어질 가능성이 높다.

더 근본적으로는 위안화 가치와 금리의 상승으로 중국 경제 성장의 질이 변화할 것이다. 위안화 가치 상승으로 경쟁력이 없는 수출

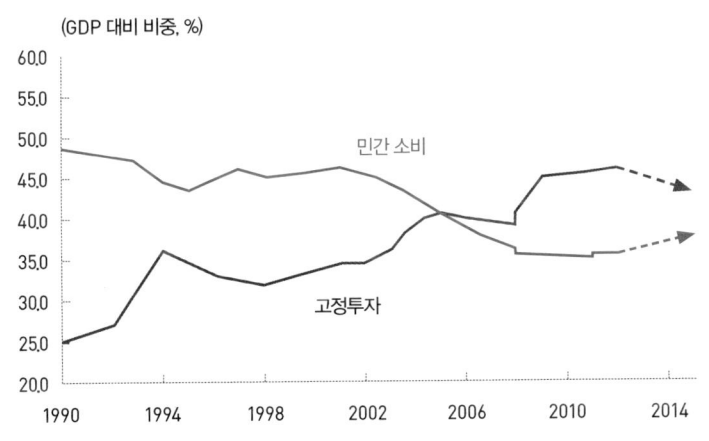

중국의 경제 성장: 투자에서 소비 중심으로 변화 과정

자료: CEIC(중국 경제 데이터베이스)

기업은 점차 퇴출될 것이다. 금리 자유화에 따른 금리 상승도 기업의 구조조정을 촉진시킬 것이다. 이 과정에서 부실이 드러나고 이것이 누적되다 보면 조만간 중국 경제가 위기를 겪을 가능성도 배제할 수 없다.

그림자 금융이
위기의 도화선?

중국의 그림자 금융이 경제위기의 도화선이 되지 않을까 하는 우려가 제기되고 있다. IMF의 한 보고서[1]에 따르면 그림자 금융shadow banking이란 사적이나 공적인 방어벽backstop의 작동을 요구하는 전통적인 은행 업무를 제외한 모든 금융활동을 말한다. 과연 중국에서 그림자 금융 규모는 얼마나 되고 앞으로 중국 경제와 금융시장에 주는 시사점은 무엇일까?

중국의 그림자 금융 31조 위안, GDP의 54%

박석중[2]은 중국에서 그림자 금융을 "은행의 여신(대출) 계정에는 포함되지 않으나 신용중개 기능이 가능한 방식의 대출을 통칭"하는 것으로 정의하면서 2013년 말 기준으로 그 규모가 30.5조 위안(GDP의 54%)에 이를 것으로 추정하고 있다. 은행의 자산관리상품$_{WMP}$과 신탁사의 신탁상품이 30.1조 위안으로 그림자 금융의 대부분을 차지한다. 박석중의 보고서를 따라 그림자 금융 문제를 살펴보자.

WMP는 리차이$_{理財}$ 상품으로 한국의 실적 배당형 상품과 유사하며, 저금리·인플레이션·주식시장의 약세로 중국 개인들이 선호하는 금융상품이다. 이는 채권과 머니마켓펀드$_{MMF}$에 58%, 신탁과 결합한 비표준화 자산(비상장사 지분 투자, 대출, 신탁 연계 상품)에 35% 정도 투자하는 것으로 알려지고 있다.

한편 신탁사는 신탁예금과 신탁상품의 발행으로 투자 자금을 모집해 제도권 대출이 어려운 기업과 부동산 및 지방정부와 연계된 사회간접자본 투자에 대한 대출과 지분 투자 형식의 투자를 영위하는 기관이다. 한국의 자산운용사와 저축은행의 결합 형태로 보면 된다. 대주주, 지방정부 및 관련 기관의 연대보증으로 연 10%대의 고수익을 보장한다. 신탁사들이 '하이 리턴, 로우 리스크'를 내세우면서 판매하고 있으나, 고수익 리스크 자산에 76% 이상을 투자하고 있기 때문에 실제적 위험은 매우 높다.

머니마켓펀드$_{MMF}$
단기 금융상품에 집중투자해 단기 실세 금리의 등락이 펀드 수익률에 신속히 반영될 수 있도록 한 초단기 공·사채형 상품이다.

금리 규제로 그림자 금융 확대

중국에서 그림자 금융이 발생한 이유는 어디에 있을까? 고성장 과정에서 근본적으로 자금의 수요가 공급보다 많기 때문이다. 중국 정부는 경제 성장을 위해 저금리를 유지하고 있는데, 2013년 현재 은행의 예금 금리는 3% 정도이다. 그런데 그림자 금융에 돈을 맡기면 작게는 6%에서 많게는 20% 금리를 받을 수 있는 상황에서 어떤 개인이 은행에 돈을 맡기고 싶겠는가? 개인 자금이 그림자 금융을 선호할 수밖에 없는 현실이다.

대출 금리가 낮을수록 기업의 투자 기회는 더 많아진다. 예를 들어 대출 금리가 10%라면 10% 이상 수익이 기대되는 사업에 투자 자금이 들어가게 된다. 그러나 금리가 3%라면 그만큼 투자할 곳이 많아진다. 중국 정부가 인위적으로 낮은 금리를 유지했기 때문에 투자 수요는 그만큼 늘었다. 그러나 은행으로 개인 자금이 덜 들어갔다. 은행의 대출 여력이 줄어든 것이다. 여기다가 중국 정부는 2008년 미국이 금융위기를 겪는 동안 4조 위안을 써서 내수를 부양했다. 그러다 보니 기업이 은행 돈을 빌리기가 더 어려워졌다. 중국의 직접 금융시장이 충분히 발달하지 못했기에 기업은 주식이나 채권으로 원하는 만큼 자금을 조달할 수 없었다. 그래서 은행에서 돈을 빌리기 힘든 기업은 높은 금리를 지불하고 그림자 금융을 찾게 되었다. 부동산 디벨로퍼들은 자금의 50% 이상을 그림자 금융으로 조달한 것으로 알려졌다.

한편 중국의 중앙은행은 은행에 20%에 근접하는 지준율을 부과하고 있다. 은행은 예금으로 받은 돈의 80%만 대출할 수 있기 때문에 상업은행의 수익 창출 능력이 그만큼 떨어졌다. 그래서 중소형 은행들은 부외 거래인 WMP 등을 통해 영업을 확장해왔다.

> **부외거래** 簿外去來, off-balance transaction
> 거래 시점에서 현물의 이동이 발생하지 않기 때문에 금융기관의 대차대조표상에 자산이나 부채로 기록되지 않은 거래, 즉 회계장부에 기재되지 않는 거래를 의미한다. 전통적인 금융기관 업무인 예대 업무 이외의 거래로 파생상품 거래, 보증 및 약정 형태, 자산 매각 형태, 기타 부외거래 등이 있다.

그림자 금융 부실 심화

이렇게 해서 늘어난 그림자 금융의 리스크가 증가하고 있다. 최근 몇 년 동안 그림자 금융이 연평균 35% 증가하고 있는데, 이런 추세로 간다면 그림자 금융의 비중이 2013년 GDP의 54%에서 2020년 210%로 증가할 것이라는 분석도 나오고 있다. 규모도 늘고 있지만 그림자 금융의 부실화가 더 큰 문제다. WMP 상품의 최대 리스크는 투자자산과 투자상품 간의 불일치mismatching이다. 뱅크런과 같은 현상이 WMP에서 발생한다면 투자자산의 부실 없이도 은행은 지급 불능 상태에 도달하게 된다.

신탁투자상품의 부실화는 더 우려된다. 이 상품은 주로 부동산 디벨로퍼, 지방정부와 연계된 SOC, 광산 등에 투자되었거나 비제도권에 대출되어 있다. 2014년에 신탁상품 8547개의 만기가 도래하며, 그 규모는 1.3조 위안으로 추정된다. 이들이 만기에 제대로 상환될지는 의문이다. 2013년 주요 도시의 부동산 가격이 20% 이상 상승해 거품이 발생한 상태이고 중소형 부동산 디벨로퍼의 부채 비율은 200%를 넘어서고 있다. 매년 10% 성장하던 중국 경제가 7%대로 경제 성장률 떨어지면서 석탄 가격 하락으로 석탄 기업의 경영난이 심화하고 있다. 지방정부는 갈수록 부실해지면서 디폴트 상황까지 가고 있다. 2007년 4.5조 위안이었던 지방정부 부채가 2013년 6월에는 17.9조 위안으로 대폭 증가했다.

중국 정부는 딜레마에 빠졌다. 구조조정과 안정성장을 동시에 달성해야 하기 때문이다. 중국 정부는 경제 성장을 해치지 않는 범위 내에서 구조조정을 서서히 단행할 것으로 보인다. 우선은 부실 자산을 부실 자산 관리 회사로 이양하여 매각하거나 유동화할 방침이다. 이미 중국 정부는 2008~2009년에 부실 자산을 대량으로 매각하고, 은행을 증권시장에 공개했던 경험이 있다. 그러나 그림자 금융은 좀처럼 처리하기가 쉽지 않다. 그림자 금융은 금융회사와 투자자들 간의 연관 관계가 복잡하고, 책임 소재도 불투명하기 때문이다.

> **뱅크런** bank run
> 단기간에 금융기관의 예금을 인출하려는 고객 수요가 폭발적으로 늘어나는 현상을 말한다. 금융시장이 불안정하거나 거래 은행의 재정 상태가 나쁘다고 판단될 때 사람들이 불안감으로 빨리 자신의 예금을 인출하려고 함으로써 발생한다. 이때 은행은 당장 돌려줄 돈이 바닥나는 위기 상황을 맞게 된다.

직접금융시장 활성화와 금리 자유화

고성장 과정에서 자금의 수요가 공급보다 많아 그림자 금융이 확대되었다. 실물 경제 성장 속도에 비해서 금융시장의 발전 속도가 느린 탓이기도 하다. 보다 구체적으로는 정부가 금리를 규제하고 직접금융시장이 발달하지 못했기 때문에 그림자 금융이 늘어난 것이다. 근본적 문제를 치유하기 위해서는 직접금융시장 활성화와 더불어 금리 자유화를 추진해야 한다. 금리 자유화 과정에서 금리는 상승할 것이다. 금리가 오르면 시장의 힘으로 구조조정이 이루어진다.

2008년 글로벌 경제위기를 겪으면서 중국은 내수를 부양하기 위해 투자 확대 정책을 펼쳤다. 그래서 높은 성장을 했지만, 이제 과잉투자 문제가 현실화되고 있다. 공급은 국지적이지만 수요는 글로벌 현상이다. 2008년 미국 등 선진국에서 발생한 경제위기의 가장 중요한 원인이 가계의 과소비와 그에 따른 부실에 있다. 이제 가계가 부채를 줄여가고 있는 만큼 세계 수요가 위축되고 있다. 중국 각 산업의 공급 과잉이 심각한 문제로 대두되고 있다. 예를 들면 철강 업종의 가동률이 70%로 떨어졌다.

금리 자유화 과정에서 금리가 상승하면 한계 기업이 파산하고 기업 부실은 늘 것이다. 여기다가 부동산 가격의 거품이 꺼진다면 그림자 금융은 말할 것도 없이 은행 등의 제도권 부실도 증가할 것이다.

구조조정 과정에서 글로벌 금융시장에 큰 충격

부실은 무한정 쌓아둘 수 없다. 한 번은 털고 넘어가야 한다. 대기업과 은행의 부실 증가로 한국은 1997년 IMF 지원을 받는 경제위기를 겪었다. 부실을 털어내는 과정에서 대규모의 자금이 필요하다. 한국은 공적 자금 외에 IMF로부터 자금 지원을 받았다.

2013년 말 현재 중국의 외환 보유액이 3조 8000억 달러로 높은 수준이다. 그래서 중국은 한국과 같은 외환위기를 겪지는 않을 것이다. 그러나 부실을 털어내기 내기 위해서는 대규모 자금이 들어가기 때문에 중국은 해외에 투자한 자금 일부를 회수할 수 있다. 또한 중국의 금리 자유화로 금리가 오르면 세계에 투자되었던 자금이 중국으로 돌아올 수도 있다. 그 대상이 미국 국채라면 달러 가치가 폭락하는 등 글로벌 금융시장에 엄청난 파고를 일으키며 세계 경제의 기존 질서를 바꾸는 계기가 될 것이다. 그 시기가 문제다.

그래도 중국에서 투자 기회를 찾아라

중국은 한국 수출 중 26%를 차지하고 있는 최대의 수출시장이다. 중국 경제가 어려워지면 그만큼 한국 경제도 악영향을 받을 수밖에 없을 것이다. 그러나 중국이 구조조정을 겪는 과정에서 다양한 투자 기회가 생길 것이다.

중국 경제가 한국과 비교할 수 없을 정도로 크기 때문에 한국 경제와 같은 성장 경로를 따를 가능성은 낮다. 그러나 한국이 일본의 경제 성장 경험에서 교훈을 얻을 수 있었던 것처럼 한국 경제의 과거를 보면서 중국의 미래를 전망하는 데 어느 정도의 실마리는 찾을 수 있을 것이다.

한국 경제는 1981년부터 올림픽을 개최했던 1988년까지 연평균 10%라는 매우 높은 성장을 했다. 그러나 올림픽 개최 이후, 1989년부터 IMF 관리 체제를 겪었던 1997년까지 경제 성장률은 연평균 7%로 떨어졌다. 1990년대 들어 세계 경제 성장률이 낮아지고 한국 수출 증가세도 둔화했기 때문이었다. 총수출이 GDP에서 차지하는 비중이 1987년에 38%였으나 1993년에는 26%까지 하락했다. 이에 따라 한국 정부는 1990년 주택 200만 호 건설 등 내수 부양책으로 대응했고, 고정자본 형성이 GDP에서 차지하는 비중이 1988년 29%에서 1996년에는 37%까지 상승했다.

또한 올림픽 개최 이후 한국 가계의 한계소비성향이 증가하는 가운데, 소비 지출도 늘었다. 소비의 GDP 비중이 1988년 49%에서 1997년에는 54%까지 증가했다. 이런 과정에서 총투자율이 총저축률보다 높아지면서 경상수지 적자가 누적해서 쌓였다. 또한 이 기간에 지속적인 원화 가치 상승과 금리 자유화 진행에 따른 고금리가 경제 성장을 둔화시켰다. 고속성장 과정에서 쌓인 부실이 드러났고 한국은 1997년에 이른바 'IMF 경제위기'를 겪었다. 2017년 전후에 중국이 이와 같은 상황에 직면할 가능성이 높다.

1997년 한국이 경제위기를 경험하는 동안 외국인들이 한국 자산을 헐값에 사들여서 엄청난 돈을 벌어갔다. 중국은 부실을 처리하는 과정에서 일부 은행을 민영화하고, 회사채시장 등 직접금융시장을 육성할

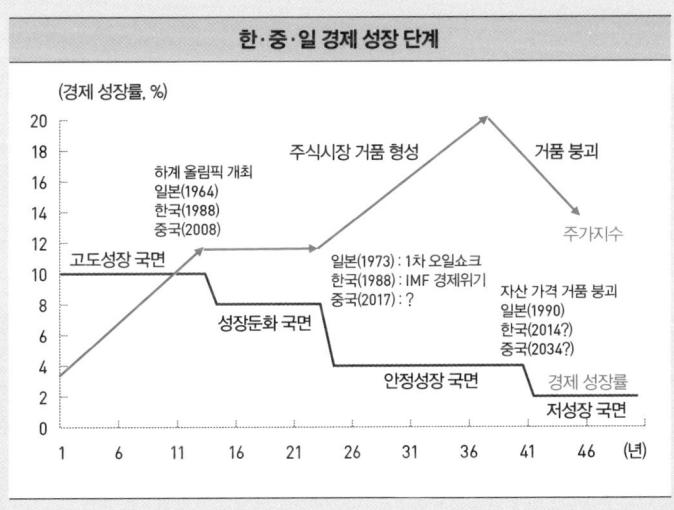

전망이다. 또한 중국이 위안화의 국제화를 추진하는 과정에서 자본시장도 개방할 것이다. 한국이 위기를 겪을 때, 외국인이 한국에서 큰돈을 벌어간 것처럼, 한국도 중국에서 돈을 벌 기회를 찾아야 할 것이다. 중국 돈으로 중국 돈을 벌 수 있는 시대가 올 것이다.

한계소비성향 marginal propensity to consume
추가 소득 중 저축되지 않고 소비되는 금액의 비율. 반대로 추가 소득 중 저축되는 금액 비율은 한계저축성향이라 한다. 소득의 증가분을 △Y, 소비의 증가분을 △C로 하여 △C/△Y로 나타낸다. 인플레이션 때에는 한계소비성향이 높다. 저소득층은 고소득층에 비하여 한계소비성향이 높은 경향이 있다.

2장

미국 경제는 쇠퇴하고
달러 가치는 폭락한다

2017

글로벌 금융위기 이후의
미국 경제

2014년 2월 1일 미국 연방준비제도이사회FRB 100년 역사상 처음으로 여성인 재닛 옐런이 의장으로 취임했다. 옐런은 미국 경제를 어떻게 평가하고 통화 정책을 어떤 방향으로 펼쳐나갈 것인가? 그는 전임 벤 버냉키 의장의 남긴 '양적 완화'라는 비정상적인 통화 정책을 정상화하려 할 것이다. 그러나 정상화 과정이 평탄할 것 같지는 않다. 특히 거품이 발생한 주식시장이 충격을 받을 수 있으며, 자산 가격 하락에 따라 소비 중심으로 경제가 위축되면 다시 또 다른 양적 완화 카드를 내놓을 것이다.

미국의 경제위기 극복 과정

2007년 이후 미국은 경제위기를 겪으면서 적극적인 재정 및 통화 확대 정책으로 대응했다. 특히 버냉키 전 연준 의장이 주도했던 통화 정책은 전례가 없을 정도로 과감했다. 연준은 연방기금금리 목표 수준을 2007년 8월에서 2008년 12월 사이에 5.25%에서 0~0.25%로 인하했다. 더는 금리를 내릴 수 없게 되자 2009년 3월부터는 비전통적 통화 정책인 양적 완화로 대응했다. 세 차례에 걸쳐 돈을 찍어 국채와 모기지 채권을 사들인 것이다. 이에 따라 본원통화가 2013년 12월 현재 3조 7000억 달러로 2008년 8월보다 2조 8000억 달러 증가했다.

FRB의 양적 완화와 축소

시행 연월	조치	유동성 공급 규모	비고
2007.9.~2008.12.		연방기금금리 목표 수준을 5.25%에서 0~0.25%로 인하	
2009.3.	QE1	17,500억 달러	모기지, 국채 매입
2010.11.	QE2	6000억 달러	모기지, 국채 매입
2012.12.	QE3	매월 450억 달러 장기 국채 매입, 모기지	경기(고용)가 개선될 때까지 계속 모기지 채권 매입
2012.12.	QE3(연장)	매월 450억 달러 장기 국채 매입, 모기지 채권 포함 850억 달러	실업률 6.5%, 물가 2.0%
2013.12.~2014.4.	QE 축소	월 채권 매입 450억 달러로 축소	모기지 채권 200억, 장기 국채 250억 달러

자료: FRB

이 같은 적극적 통화 정책으로 미국 경제는 위기를 극복하고 성장을 지속하고 있다. 2013년 4분기 현재 미국의 국내총생산이 경제위기 바로 직전이었던 2008년 2분기보다 6.7% 증가했다. 고용도 늘고 있다. 경제위기를 겪으면서 2008년 2월에서 2010년 2월 사이에 비농업 부문의 일자리가 871만 개 사라졌다. 그러나 경기 회복으로 2010년 3월에서 2014년 4월까지 고용이 860만 개 늘었다. 잃어버린 일자리의 99%를 찾은 셈이다. 실업률도 2009년 10월에는 10%까지 올라갔으나, 2014년 4월에는 6.3%로 낮아졌다. 이에 따라 연준은 2013년 12월 연방공개시장위원회 FOMC에서 양적 완화를 축소하기 시작했다. 2013년 1월부터 매월 장기 국채와 모기지 채권을 850억 달러씩 사들였는데, 그 규모를 750억 달러로 줄인 것이다. 이어서 2014년 1~4월 세 차례 FOMC에서도 월 채권 매입 규모를 각각 100달러씩 줄여 450달러로 조정하였다.

미국 경제는 위기를 극복하고 있다. 그러나 문제는 아직도 실질 GDP가 잠재 GDP 이하로 성장하고 있다는 것이다. 2008년 2분기에 경제위기를 겪으면서 실질 GDP가 잠재 수준 이하로 크게 떨어졌다. 경제가 성장함에 따라 잠재와 실질 GDP 차이를 나타내는 '아웃풋 갭 output gap'이 2009년 3분기 −6.4%에서 2013년 4분기 −3.2%로 축소되었으나, 아직도 미국 경제가 능력 이하로 성장하면서 디플레이션 압력이 존재하는 것이다.

경제가 잠재 수준 이하로 성장한다는 것은 그 나라의 총수요가

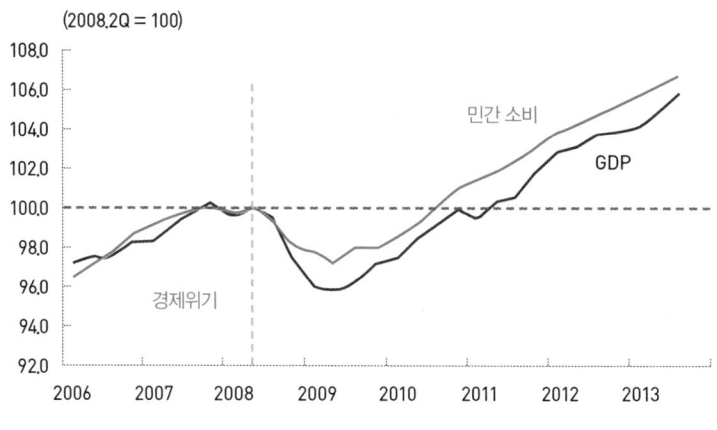

총공급을 따라가지 못한다는 뜻이다. 이런 상황에서는 돈을 풀어도 물가가 오르지 않는다. 지난 5년 동안 양적 완화라는 비정상적 통화정책까지 동원하면서 연준이 돈을 풀었는데도 물가가 안정된 이유가 여기에 있다. 실질 GDP가 잠재 수준에 접근할 때까지 물가는 계속 안정세를 유지할 것이다. 미 연준은 소비자물가 상승률 2%를 목표로 삼고 있는데 2014년에도 그 이상 오를 가능성이 매우 낮다.

그러나 '실업률 6.5%' 목표는 빠르면 2014년 상반기에 달성할 수 있을 것으로 보인다. 2010년 3월 이후 미국 고용이 월평균 17.2만 개 증가했는데, 2014년 상반기에도 매월 일자리가 이 정도 증가한다면 실업률은 더 빨리 떨어질 것이다. 실제로 4월에 실업률은 6.3%로 하락했다.

실업률 목표는 달성했을지라도 미국 경제에 디플레이션 압력이 존재하고 소비자물가가 2% 이하에서 안정될 것이기 때문에 금리를 인상하는 등 통화 정책을 긴축적으로 운용하지는 않을 것이다. 그러나 FOMC가 열릴 때마다 통화 정책의 정상화 과정에서 양적 완화 규모는 계속 줄일 가능성이 높다.

연방공개시장위원회聯邦公開市場委員會, Federal Open Market Committee, FOMC 미국 연방준비제도이사회Board of Governors of the Federal Reserve System 산하 기구로 공개 시장 조작을 위해 통화·금리 정책을 결정하는 위원회이다. 우리나라의 한국은행 금융통화위원회와 비슷한 기능을 한다.

양적 완화 축소 시작

실물 경제에 디플레이션 압력이 존재함에도 자산 가격에는 인플레이션이 발생했다. 특히 주가는 실물 경제 성장 속도에 비해서 너무 앞서 가고 있다. 주가는 장기적으로 산업 생산과 거의 같은 방향으로 움직여 왔다. 그러나 최근에 주가가 산업 생산을 너무 앞서 가고 있다. 그 정도를 보기 위해 산업 생산을 설명 변수로, 주가(S&P500)를 종속 변수로 하여 회귀 분석을 하고 그 잔차$_{residual}$를 가지고 주가의 과대·과소평가 정도를 측정해보았다. 이에 따르면 2013년 12월 현재 주가는 산업 생산에 22% 정도 앞서 가고 있는 것으로 평가되었다. 양적 완화로 풀린 돈이 주가를 그만큼 더 오르게 한 것이다.

한편 주가가 경기에 너무 앞서 가고 있다는 사실은 보다 포괄적 경제 지표인 명목 GDP와 비교에서도 나타난다. 1980년 이후 통계로 보면 주가 상승률이 명목 GDP 성장률보다 평균 4.1%포인트 앞서 갔다. 그런데 2013년 4분기 현재 주가 상승률이 경제 성장률보다 26.4%포인트나 높았다. 장기적으로 평균에 접근하기 마련인데, 주가가 하락하면서 그 간격이 좁아질 가능성이 높다.

지금까지 살펴본 것처럼 경제가 잠재 능력 이하로 성장하면서 디플레이션 압력이 존재하고 물가는 안정되었다. 그러나 풍부한 유동성 때문에 주가 등 자산 가격에는 인플레이션이 발생했다. 이것이 전임 연준 의장인 벤 버냉키가 후임 의장인 재닛 옐런에게 남긴 유산이다.

옐런은 통화 정책을 어떻게 운용할 것인가? 실물 경제의 디플레이션 압력을 해소하기 위해서는 돈을 더 풀어야 한다. 그러나 양적 완화를 더 하면 자산 가격에 거품이 발생할 수 있다. 옐런은 이런 상황을 고려하면서 신중하게 접근하겠지만, 실업률 등 현재 좋아지고 있는 경제 지표를 고려하고 통화 정책의 정상화 차원에서 2014년 FOMC가 개최될 때마다 양적 완화 규모를 더 줄일 전망이다.

문제는 2014년 어느 시점에 미국 경제가 수축 국면에 접어들 가능성이 높다는 것이다. 전미경제연구소 NBER에 따르면 미국 경제는

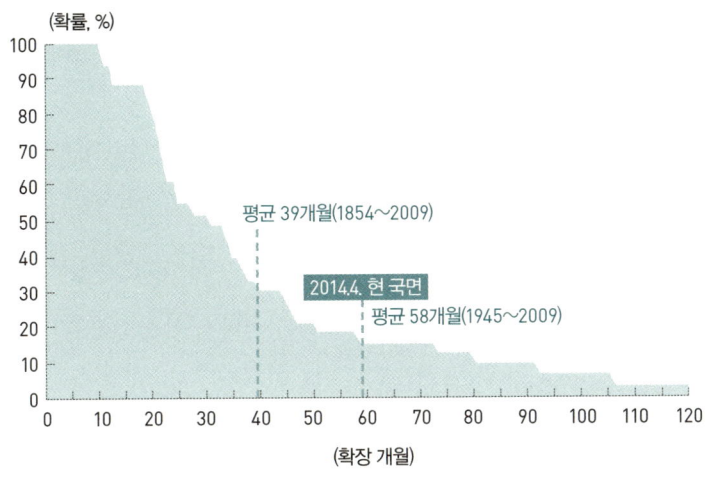

자료: NBER

2009년 6월을 저점으로 2014년 4월까지 58개월 확장 국면을 지속하고 있다. 과거 통계로 보면 이 정도 경기 확장 국면이 지속될 확률은 18%이다. 갈수록 경기 정점이 가까워지고 있다는 것을 시사한다. 경기 상태가 어떤지는 지나고 나야 알 수 있다. NBER도 경기가 정점을 치고 난 후, 평균 8개월이 지나고 나서야 경기 정점을 판단하고 있다. 바꾸어 말하면 경기 정점이 지났는데도 옐런 의장을 포함한 FOMC 참여자들이 양적 완화 축소를 계속할 수도 있다는 의미이다.

단기 순환상 경기 정점 근접

2013년 3분기 미국 경제가 4.1% 성장한 데 이어 4분기에도 3.2% 성장하면서 비교적 빠른 회복세를 지속하고 있다. 그러나 GDP를 구성하는 각 부문을 살펴보면, 건설 투자는 이미 2013년 3분기를 정점으로 수축 국면으로 접어들고 있다. 건설 투자가 GDP에서 차지하는 비중이 3%로 매우 작지만 시사하는 바는 크다. 2008년 미국 경제위기의 중요한 요인 중 하나가 주택 등 건설 경기의 과열에 있었기 때문이다. 매우 낮은 금리와 양적 완화에 따른 풍부한 유동성으로 건설 경기가 회복되었고, 가계의 소비 심리 개선에 크게 기여했다. 그러나 주택 등 건설 경기가 위축되면 주가 하락과 더불어 소비 심리에 부정적 영향을 줄 가능성이 높다. GDP 구성 요소 중 건설 투자에 이어 GDP의 68%를 차지하고 있는 소비 사이클이 조만간 꺾일 수 있다는 것이다.

양적 완화로 주가가 경제 성장보다 앞서 갔던 만큼 양적 완화가 축소되면 주가는 뒷걸음질할 것이다. 여기다가 경기마저 수축 국면에 접어들면 주가 하락 폭은 더 커질 수 있다. 미국 경제가 경기 정점을 치고 난 후에 주가(S&P500)는 평균 10개월에 걸쳐 19.2% 떨어졌다. 2014년 FOMC 개최일 중간에 주가가 간헐적으로 반등할 수는 있어도 2013년처럼 추세적으로 상승할 가능성은 낮아 보인다.

경기 정점 이후 주가는 19% 하락

미국 경제는 2009년 6월을 경기 저점으로 2014년 4월 현재 58개월 동안 확장 국면을 이어가고 있다. 미국 경제가 과거 순환 패턴에서 크게 벗어나지 않는다면 경기 정점에 점차 도달해가고 있음을 시사한다.

당연한 현상이지만, 주가는 경기 확장 국면에서 오르고 수축 국면에서는 하락했다. 2009년 6월 말 919였던 S&P500 지수가 2014년 말에는 1848로 2배 이상 올랐다. 경기 확장 국면을 주식시장이 충분히 반영한 것이다. 그러나 경기가 정점을 치고 난 후에는 예외 없이 주가가 하락했다. 1957년 경기 정점 이후 아홉 차례에 걸쳐 미국 주가는 평균 10개월에 걸쳐 19% 정도 하락했다.

최근 세 차례에 걸친 양적 완화 영향으로 주가가 경기에 너무 앞서 가고 있다. 1980년 이후 장기 데이터로 분석해보면 주가 상승률이 경상 GDP 성장률보다 평균 4.1%포인트 높았다. 그러나 2013년 4분기 현재 미국 주가 상승률이 경제 성장률보다 26%포인트 정도 앞서 가고 있다. 따라서 2014년에는 주가와 경기의 간격이 좁아지는 과정에서 주가가 급격하게 하락할 수 있다.

그러면 소비 심리가 위축되고 경기가 둔화될 수 있기 때문에 미 연준이 통화 정책을 다시 신축적으로 운용할 것이다. 요컨대 2014년에 미국 주가가 급격하게 조정을 받은 후, 2015년에는 다시 상승할 전망이다.

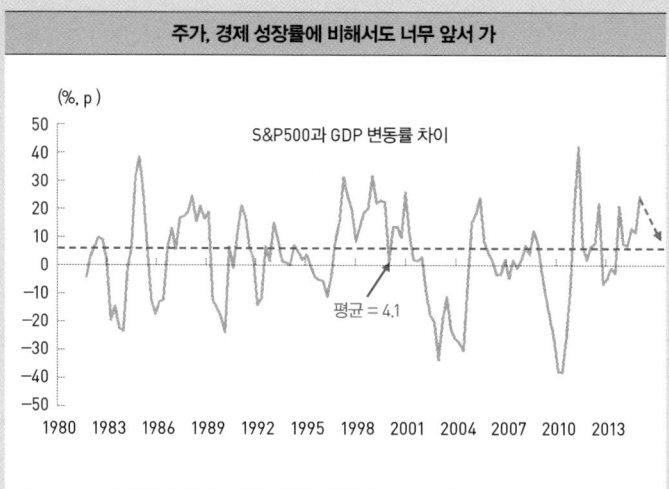

자료: 미 상무부, 블룸버그

경기 정점 이후 주가 하락률		
경기 정점 연월	정점 이후 주가 하락 개월	주가 하락률(%)
1957.8.	7	−8.1
1960.4.	6	−3.6
1969.12.	6	−17.0
1973.12.	12	−29.2
1980.1.	3	−7.1
1981.7.	11	−15.3
1990.7.	3	−14.7
2001.3.	23	−29.4
2007.1.	17	−48.8
평균	10	−19.2

주: 주가는 S&P500의 월평균 기준
자료: NBER, 세인트루이스연방은행

미국,
중국으로 디플레이션 수출

2008년 경제위기 이후 미국은 과감한 재정 및 통화 정책으로 경기를 부양했고 그 효과가 어느 정도 나타나 경제 성장을 지속하고 있다. 그러나 미국 경제는 아직도 잠재 성장 능력 이하로 성장하고 있다. 미국 경제가 정상적인 성장 궤도에 접어들려면 매년 반복되는 재정 절벽뿐만 아니라 통화 절벽monetary cliff을 넘어야 한다. 여기서 통화 절벽이란 돈을 풀어도 물가가 하락하는 현상을 의미한다.[3] 이른바 경제가 디플레이션 상태에 빠지는 것이다. 미국은 이런 상황을 탈피하기 위하여 돈을 더 풀 수밖에 없을 것이고, 이는 달러 약세를 통해 다른 나라 특히 중국에 디플레이션을 수출하고 있다.

디플레이션 가능성 높아져

일반적으로 인플레이션은 물가가 지속적으로 상승하는 현상을 의미한다. 디스인플레이션은 물가 상승률이 낮아지는 경우이고, 디플레이션은 물가 수준 자체가 하락하는 상황이다. 디플레이션이 발생하면 경제에 어떠한 일이 벌어지는가? 첫째, 실질 금리가 상승하고 투자는 감소한다. 둘째, 가계는 현금 등 유동성이 높은 자산을 선호한다. 일본 국민이 금리가 영(0)%에 가까운데도 돈을 은행에 맡기거나 국채를 산다. 물가 하락으로 실질 금리는 1% 이상이기 때문이다. 셋째, 가계의 현금 수요 증가는 상품 수요 감소를 의미한다. 물가가 계속 떨어질 것으로 기대하면 가계는 물건 사는 것을 뒤로 미루고 그래서 디플레이션이 더 심화된다. 넷째, 디플레이션은 경제 주체(가계, 기업, 정부)에 관계없이 채무자의 실질 부채를 증가시켜 심한 경우에는 이들을 파산시키고, 나아가서는 은행까지 부실하게 만든다. 다섯째, 임금이 물가보다 더 느리게 하락하기 때문에 실질 임금이 상승하고 기업은 고용을 줄인다. 그러면 가계의 소득이 감소하고, 소비가 더 줄어 디플레이션의 악순환이 발생한다.

다음 그림은 미국 소비자물가 상승률의 장기 추세를 보여주고 있다. 1980년까지 세계 경제는 인플레이션을 겪었다. 1950년대 한국전쟁과 1960년대 베트남전쟁을 겪는 과정에서 미국이 돈을 많이 풀었고, 1973년과 1979년 두 차례에 걸쳐 오일 쇼크가 있었기 때문이

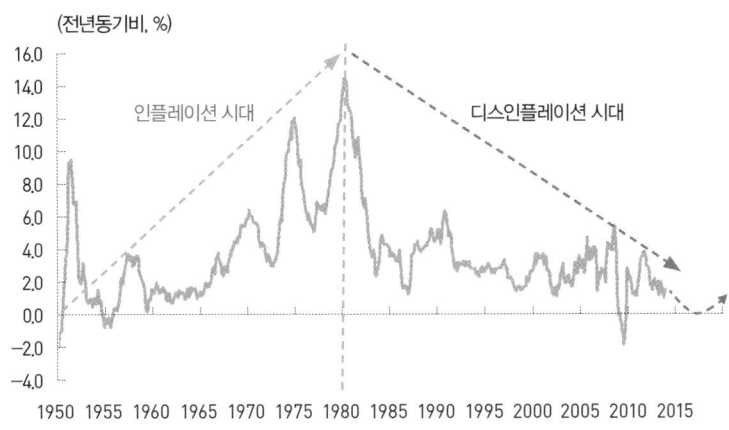

자료: FRB

다. 그러나 그 이후 세계 경제는 디스인플레이션 시대를 경험했다. 1979년에 취임한 폴 볼커 당시 미국 연준 의장이 과감하게 금리를 인상한 데다가 1990년대 독일이 통일되고 소련이 붕괴하면서 노동력이 풍부해졌기 때문이다. 여기다가 1990년 중반 이후는 정보통신 혁명으로 미국 등 선진국의 생산성이 향상되었고, 중국이 시장경제에 편입하면서 저임금을 바탕으로 전 세계에 물건을 싸게 공급한 것도 이 시기 물가 안정에 크게 기여했다.

앞으로는 어떤 시대가 올까? 미국 등 선진국이 천문학적 돈을 풀고 있기 때문에 장기적으로 인플레이션 시대가 도래할 수 있다. 그러나 앞으로 2년 정도는 디스인플레이션이 심화하거나 디플레이션 시

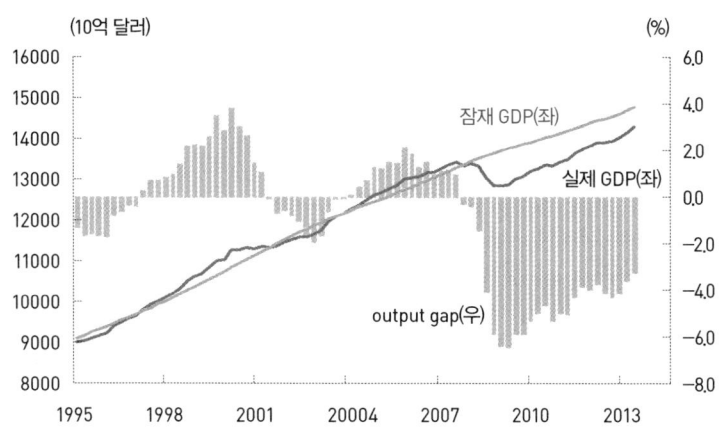

주: output gap은 잠재 실재 GDP의 % 차이
자료: 미 의회

대가 펼쳐질 가능성이 높다. 미국 경제가 잠재 능력 이하로 성장하면서 디플레이션 압력이 높고 통화승수도 낮아지고 있기 때문이다.

위 그림은 미 의회에서 추정한 잠재 국내총생산과 실질 GDP를 비교한 것이다. 2008년 미국이 금융위기를 겪으면서 GDP가 한 단계 떨어졌고, 2013년 4분기 현재도 실질 GDP가 잠재 수준보다 3% 정도 낮다. 최근 미 연준에서 나온 보고서[4]는 금융위기 바로 직전인 2007년 궤적을 따라 미국 경제가 성장한다고(금융위기 충격이 없었을 경우라고) 가정하면 2013년 4분기 현재 실질 GDP는 잠재 GDP보다 약 7% 낮은 것으로 추정하고 있다. 이만큼 총공급이 총수요를 초과하고 디플레이션 압력이 존재한다는 의미이다. 이런 시기에는 돈을 풀어도 물가가 오르지 않는다.

미국은 2007~2008년에 연방기금금리를 5.25%에서 0~0.25%로 내리고, 이도 모자라 세 차례에 걸쳐 달러를 대규모로 찍어냈다. 그럼에도 미국 소비자물가는 2% 이하에서 안정되고 있다. 앞서 본 것처럼 경제가 잠재 능력 이하로 성장하면서 디플레이션 압력이 존재하고 돈이 돌지 않기 때문이다. 금융위기 이전에 8배 정도였던 통화승수(=M2/본원통화)가 2013년에는 3배 정도로 크게 낮아졌다.

통화승수
통화량이 확대되거나 감소되는 비율을 나타내는 수치. 통화량을 본원통화로 나눈 값으로 나타낸다.

미국 재정 정책 한계, 통화 정책으로 대응할 수밖에 없어

실질 GDP가 잠재 수준 이하에서 성장한다는 것은 그만큼 수요가 부족하다는 의미이다. 수요는 크게 내수(소비, 투자, 정부 지출)와 수출로 구성된다. 2008년 금융위기를 겪으면서 부실해진 가계가 소비를 줄이자 경제가 마이너스 성장했고, 이에 따라 정부가 지출을 늘리면서 대응했다. 정부 지출 확대로 경기는 어느 정도 회복되었지만, 문제는 이제 정부가 부실해졌다는 것이다. 미 연방정부 부채가 2013년 4분기 현재 17조 3520억 달러, GDP 대비로는 101.5%로 높아졌다. 이는 앞으로 정부가 지출을 늘려 총수요를 부양하기 쉽지 않다는 의미이다. 그렇다고 민간 부문에서 소비와 투자가 크게 늘어 디플레이션 압력을 해소할 정도로 경기가 회복되지는 않았다. 2009년 2분기에 민간 부문의 부채가 GDP의 235.2%로 사상 최고치를 기록한 후, 2013년 4분기에는 193.9%로 줄었다. 그러나 아직도 가계와 기업이 부채를 줄이는 과정이 진행되고 있기 때문에 민간 부문의 수요 역시 크게 늘어날 가능성은 낮다.

재정 정책이 이미 한계에 도달했고, 민간 부문도 디레버리징 과정에 있기 때문에 통화 정책에 의존할 수밖에 없는 상황이다. 그래서 그동안 세 차례에 걸쳐 양적 완화라는 명목으로 대규모의 본원통화를 공급했다.

2014년 1월부터 통화 정책의 정상화 과정에서 양적 완화를 점차 축소해오고 있다. 양적 완화 축소가 돈을 줄이는 것은 아니다. FRB 보고서[5]는 미국이 경제위기를 겪으면서 자연실업률이 5.5%에서 5.8% 정도로 올라간 것으로 추정하고 있다. 실업률이 이 수준에 이를 때까지는 금리를 인상하는 등 통화 정책을 긴축적으로 운용할 가능성이 낮다.

자연실업률
균형을 이룬 노동시장, 말하자면 취업자 수와 실업자 수가 변하지 않는 상태에서의 실업률이다. 즉, 자발적 실업만이 존재하는 경우의 실업률을 의미한다.

미국이 중국에 디플레이션 수출

1990년대 중반 이후 미국 경제가 디스인플레이션을 겪었던 것은 정보통신 혁명에 따른 생산성 증가 때문이다. 그러나 당시 중국도 미국의 물가 안정에 크게 기여했다. 중국은 저임금을 바탕으로 물건을 싸게 생산하여 미국 소비자에게 팔았다. 또한 수출에서 벌어들인 돈으로 미국 국채를 사주었다. 물건 값이 싸지고 돈이 풍부해지자 미국 금리가 낮아졌다. 이에 따라 미국 가계는 주택 가격 상승과 더불어 소비를 더 늘릴 수 있었다. 중국이 값싼 상품으로 미국에 디스인플레이션을 수출한 셈이다.

그러나 이제 미국이 통화 공급을 늘려 중국에 디플레이션을 수출하고 있다. 미국이 통화 정책을 적극적으로 운용하자 유로 중앙은행 ECB도 장기 대출 프로그램LTRO을 통해 돈을 풀고, 2013년 11월에는 기준 금리를 0.50%에서 0.25%로 인하했다. 일본도 소비자물가 상승률이 2%에 이를 때까지 돈을 무한정 찍어내기로 했다. 2013년 일본의 본원통화 증가율이 전년 말에 비해서 46.6%나 늘었을 정도다. 그러나 중국은 부동산 가격이 급등하고 소비자물가 상승률이 3%에 이를 정도로 불안한 상황이기에 돈을 풀어서 대응할 수 없는 형편이다. 그래서 달러에 비해서 위안화 가치는 지속적으로 상승하고 있다. 미국이 상품 대신 돈을 통해 중국에 디플레이션을 수출하고 있는 셈이다.

물론 이것은 글로벌 경제의 불균형을 해소하는 바람직한 방향이다. 위안화 가치 상승과 물가 안정으로 중국이 내수 중심으로 성장하면 중국 경제가 안정되고 미국의 경상수지 적자도 줄어들 수 있다.

달러 가치
폭락 시나리오

2008년 미국에서 시작한 글로벌 경제위기 이후 미 달러 가치가 일정 범위 내에서 변동하고 있다. 일부 외환 전문가들은 2002년 이후 하락세를 보였던 달러 가치가 2008년부터는 장기 상승 추세로 전환되었다고 주장한다. 그러나 미국 경제의 불균형이 해소되는 과정에 있기 때문에 단기적으로 달러 가치가 상승할 수는 있어도 장기적으로는 더 하락할 가능성이 높아 보인다. 특히 중국이 구조조정 과정에서 미국 국채를 조금이라도 판다면 달러 가치는 급락할 수 있다.

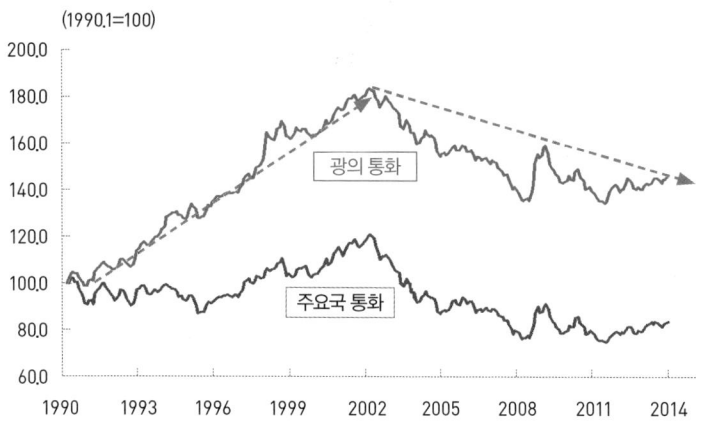

주: 1) 주요국 통화 지수: 유로, 캐나다, 일본, 영국, 스위스, 호주, 스웨덴
  2) 광의 통화 지수: 유로, 캐나다, 일본, 멕시코, 중국, 영국, 대만, 한국, 싱가포르, 홍콩, 말레이시아, 브라질, 스위스, 태국, 필리핀, 호주, 인도네시아, 인도, 이스라엘, 사우디, 러시아, 스웨덴, 아르헨티나, 베네수엘라, 칠레, 콜롬비아
자료: Board of Governors of the Federal Reserve System

2002년부터 달러 가치 하락 추세

위 그림은 미국의 연방준비제도 Federal Reserve System가 작성하는 미 달러의 무역 가중 환율 지수(이하 달러 지수)이다. 주요국과 광의 국가로 구분해서 달러 지수를 작성하는데, 주요국 통화 지수에는 유로·캐나다·일본·영국·스위스·호주·스웨덴 통화가 포함된다. 그리고 광의 통화 지수에는 앞의 7개국 통화 이외에 미국의 주요 교역 대상국인 중국, 한국 등 26개국의 통화가 들어 있다.

이에 따르면 미 달러 가치는 2002년 2월까지 상승했고, 그 이후로는 하락 추세를 보이고 있다. 1990년 1월에서 2002년 2월까지 달러 가치는 광의 통화에 대해서 84.9%(주요국 통화에서 대해서는 21.4%)나 상승했다. 그러나 2001년부터 시작된 미국의 정보통신 혁명 거품이 붕괴한 이후 달러 가치는 하락세로 돌아섰다. 2002년 3월부터 2011년 7월 사이에 달러 가치는 주요국과 광의 국가의 통화에 비해 각각 27.1%와 38.5%씩 떨어졌다. 달러 가치가 유로, 엔 등 선진국 통화보다도 신흥시장 통화에 대해서 더 떨어진 것이다.

2008년 미국에서 시작된 글로벌 금융위기 이후로는 달러 가치가 방향성이 없는 가운데 소폭 상승하고 있다. 그래서 달러 향방이 더 중요해진 것이다.

미국 경제 불균형 해소 과정에서 달러 약세

1990년대 중반 이후 미국 경제는 고성장과 저물가를 동시에 달성했는데, 경제전문가들은 이를 '신경제'라 불렀다. 신경제가 가능했던 이유는 정보통신 혁명으로 미국 경제의 생산성이 크게 향상되었기 때문이다. 생산성 증가는 미국 경제의 총공급 곡선을 우측으로 이동시켰다. 그래서 미국 경제가 고성장과 저물가를 동시에 달성할 수 있었다. 또한 이 시기에 중국이 물건을 싸게 공급해서 물가가 더욱 안정되었다.

물가가 안정되자 금리도 하락했다. 신경제에 대한 소비자들의 낙

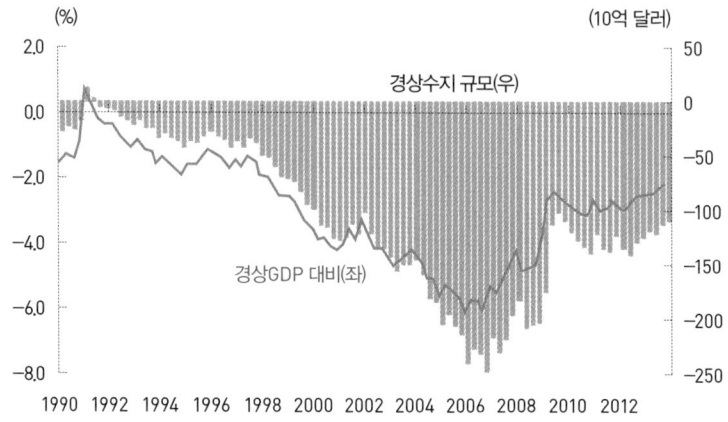

자료: U.S. Department of Commerce: Bureau of Economic Analysis

관과 더불어 금리 하락은 소비를 부추겼다. 또한 저금리는 주택 가격 상승을 초래해 가계의 부와 소비를 더 증가시켰다. 문제는 가계가 이 과정에서 자기 소득을 넘어서 은행에서 돈을 빌려 과소비를 했다는 데 있다. 미국 가계 부채가 가처분소득에서 차지하는 비중이 1995년에 87.5%였으나 2001년에는 99.3%로 늘었고, 2007년 3분기에는 129.6%까지 급등했다.

소비 증가로 미국 경제는 잠재 능력 이상으로 성장했고 수입이 크게 늘었다. 수입이 계속 증가하면서 경상수지 적자가 지속할 수 없을 정도로 높아졌다. 1995년에 경상수지 적자가 국내총생산에서 차지하는 비중이 1.5%였으나, 2001년에는 3.9%로 증가했다. 그 이후 2006년까지도 6%로 더 확대되었다. 이것이 미국 경제의 불균형이다.

미 달러가 기축통화이기 때문에 경상수지 적자가 확대되더라도 미국 경제가 외환위기에 빠질 가능성은 거의 없다. 부족한 달러를 언제든지 찍어내면 되기 때문이다. 그러나 영원히 지속될 수 없는 것은 영원히 지속하지 않는다. 이런 불균형을 해소하기 위해 2002년부터 달러 가치가 하락하고 있고, 그 과정은 아직 끝나지 않았다.

미국으로 자금 유입 줄어

1990년대 중반 이후 미국의 경상수지 적자가 지속적으로 확대되었음에도 달러 가치가 상승했던 것은 미국으로 글로벌 투자 자금이 계속 유입되었기 때문이다. 2007년에 1조 달러가 넘는 돈이 미국의 주식과 채권시장으로 들어왔다. 그러나 미국에서 금융위기 발생한 2008년에는 유입 규모가 4149억 달러로 급감했다. 그 이후 미국이 금융위기를 극복하는 과정에서 다시 서서히 돈이 들어오다가 2013년에는 유입 규모가 803억 달러로 대폭 축소되었다.

2002년 이후로는 각국 중앙은행이 보유한 달러 자산 비중이 크게 줄고 있다. IMF에 따르면 2001년 각국의 중앙은행은 외화 통화 표시 자산 중 72%를 달러로 보유했으나, 그 비중이 2008년에는 64%, 2012년에는 62%로 낮아졌다. 각국의 중앙은행이 자산 보유 다변화 차원에서 외환 보유액 중 통화 비중을 줄이는 가운데(2000년 78%에서 2012년 56%) 달러 비중을 더 축소하고 있는 것이다.

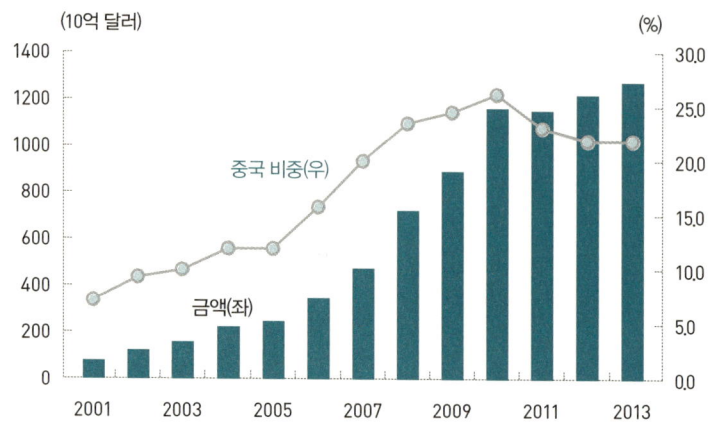

자료: U.S. Department of the Treasury

    특히 중국이 더 이상 미 달러 자산을 늘리지 않고 있다. 1990년대 중반 이후 미국 가계가 신경제를 누리면서 소비를 늘리는 동안 중국 생산자들이 값싸게 물건을 생산해서 그들에게 공급했다. 또한 수출에서 번 돈으로 미국 국채를 매입해서 금리를 더 낮춰주었다. 그래서 미국 가계는 주택 가격 상승과 더불어 소비를 더 늘릴 수 있었고, 중국은 수출을 더 많이 했고 국채 매입도 더 늘렸다.

    2001년 중국이 보유한 미국 국채는 786억 달러에 지나지 않았으나, 2008년에는 7274억 달러로 9배 정도 늘었고 외국인의 미국 국채 보유 중 24%를 차지해 일본을 앞지르고 세계 최대 미국 국채 보유국이 되었다. 그러나 2011년 이후로는 중국이 미국 국채를 소폭 사들이는 데 그치고 있다. 외국인의 미국 국채 보유 중 중국이 차지하는 비중도 2010년 26%를 정점으로 2013년에는 22%까지 낮아졌다.

디플레이션 압력으로 2015년까지 제로 금리 유지

일반적으로 경제위기는 가계 등 민간 부문의 부채가 늘면서 발생한다. 미국의 경우도 2000년대 들어와서 민간 부문의 부채가 급속하게 증가하기 시작했으며, 2008년에는 경상 GDP의 230%가 넘었다. 이 비율이 어느 정도 가야 위기가 오는지 알 수 없지만, 어쨌든 미국 경제는 과도한 민간 부문의 부채 때문에 2008년에 경제위기를 겪었다.

위기를 겪는 동안 민간 부문의 구조조정과 더불어 디레버리징 현상이 발생하면서 부채가 감소했다. 실제로 미국 경제를 보면 민간 부문의 부채가 2009년 2분기 235.2%를 정점으로 2013년 4분기에는 193.9%까지 하락했다. 이런 과정에서는 경제가 급격하게 위축되고, 정부는 이를 막기 위해서 재정 지출 확대로 대응한다. 미국에서도 이 같은 현상이 발생했다. 미국 정부는 경제위기를 극복하기 위해 적극적으로 재정 지출을 늘렸다. 미 연방정부의 부채가 GDP에서 차지하는 비중이 2007년 4분기에는 64.8%였으나, 2013년에는 100%를 넘어섰다.

경제가 정상 궤도에 들어서면 소비와 투자 등 민간 부문이 회복되

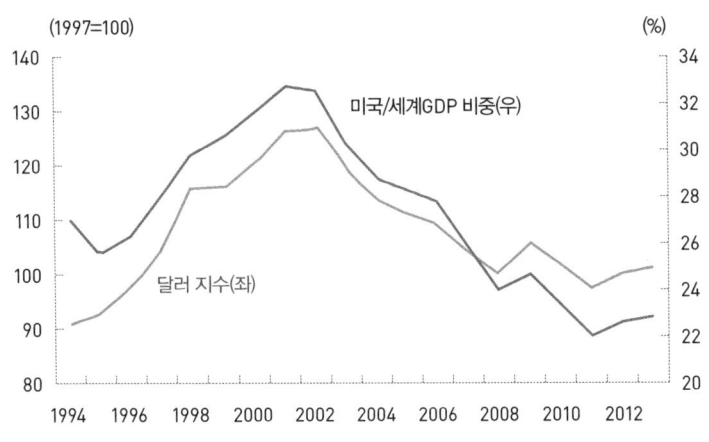

자료: IMF, FRB

고, 이들은 레버리징 과정을 거치면서 경제가 다시 성장한다. 경기 회복으로 세수가 증가하면서 정부의 부채는 감소하게 된다. 최근 미국 경제가 이 기로에 서 있는 것이다. 문제는 가계나 기업의 디레버리징이 마무리되었느냐는 것인데, 2013년 4분기 현재 미국 가계 부채가 가처분소득의 103.8%로 아직도 매우 높은 수준에 있다.

또한 설비 투자가 경제위기 전 수준에 이르지 못할 정도로 기업은 투자를 늘리고 있지 않다. 최근 재정 절벽 문제에서 확인된 것처럼 정부가 추가로 지출을 늘려 경기를 부양할 수 없는 상황에 처해 있다. 그래서 미 정책 당국은 통화 정책에 의존할 수밖에 없고 앞으로도 최소한 1년 정도는 제로 금리를 유지할 것이다. 다른 선진국 경제도 어려운 것은 사실이지만, 미국 경제만을 고려하면 미 달러 가치가 추세적으로 상승하기는 어려워 보인다.

달러 가치 하락으로 세계 경제에서 미국의 역할도 축소되고 있다. 미국 GDP가 세계에서 차지하는 비중이 2001년에 32.7%로 사상 최고치를 기록한 후, 2013년에는 22.8%로 낮아졌다. (이 기간 중국의 비중은 4.1%에서 12.2%로 높아졌다.) 아직도 미국 경제가 세계의 1/4을 차지하고 있기 때문에 절대적으로는 매우 중요하지만, 상대적으로는 그 역할이 서서히 줄어들고 있다는 사실은 부인할 수 없다.

달러 가치 폭락 시나리오

"준비통화란 탄생했다 소멸하는 법이다. 지난 2500여 년 동안 10여 개의 통화가 준비통화의 역할을 하다가 지금은 사라졌다. 스털링은 20세기 초반에 그 지위를 상실했으며 달러는 21세기 전반에 그 지위를 상실할 것이다. (중략) 준비통화로서의 지위 상실은 미국에게는 일련의 경제적·정치적 위기가 될 것이다."

— 아비내쉬 페르소드

앞서 살펴본 것처럼 환율을 결정하는 요인들을 보면 달러 가치가 장기적으로 하락할 가능성이 높다. 문제는 달러 가치가 서서히 떨어지면서 글로벌 경제의 불균형을 해소해줄 것인가 아니면 급격하게 하락하면서 글로벌 금융시장에 큰 충격을 줄 것인가에 있다. 환율도 하나의 가격 변수인데, 가격은 연착륙하는 경우가 거의 없다. 펀더멘털을 과대평가하거나 과소평가한다. 그래서 방향이 결정되면 한쪽으로 지나칠 정도로 움직이는 것이 가격 변수이다. 만약 달러 가치가 폭락한다면 다음 두 가지 시나리오 중 하나를 따를 것이다.

첫 번째 시나리오는 중국과 미국의 정치적·경제적 갈등으로 중국이 미국 국채를 매각하는 경우이다. 2013년 말 현재 중국은 미국 국채를 1조 2689억 달러 보유하고 있다. 외국인이 보유하고 있는 국채(5조 7949억 달러)의 22%에 해당한다. 중국 쪽에서 보면 미국 국채를 줄일 유인이 있다. 우선 중국에서는 수익률이 낮은 미국 국채에 그렇게 많은 돈을 투자할 필요가 있는가에 대해서 의문이 제기되고 있다.

또한 중국 경제 성장률이 한 단계 떨어지면서 과잉 투자 문제가 드러나고 있다. 그림자 금융 문제가 갈수록 심각해지고 있으며 기업과 은행도 부실해지고 있다. 부실을 처리하려면 많은 자금이 필요하다. 또한 중국은 금융 대국과 위안화 국제화를 목표로 내세우고 있으며, 이를 달성하기 위해 자본시장을 개방하고 금리를 자유화할 것이다. 금리 자유화로 중국 금리가 상승하고 중국 국채 수익률이 미국보다 훨씬 높아질 것이다. 이런 환경에서는 중국이 미국 국채에 투자할 유인이 줄어들게 된다.

보다 근본적으로 중국의 성장 구조 변화도 달러 수요를 줄이는 요인이다. 중국은 1979년 자본주의 시장경제에 편입하면서 저임금의 노동력, 저금리 자본 등 값싼 생산요소를 바탕으로 상품을 생산하고 수출해서 높은 경제 성장을 달성했다. 그러나 2008년 미국에서 시작된 글로벌 경제위기를 겪으면서 수출 중심의 경제 성장에 한계가 드러났다. 여기다가 임금, 자본, 에너지, 토지 등 모든 생산요소의 가격도 오르고 있다. 그래서 중국 정부는 경제 성장 전략을 수출과 투자에서 소비 중심으로 바꾸고 있다. 국내총생산에서 민간 소비 비중이 미국은 68%인 반면 중국은 36%로 매우 낮다. 중국의 1인당 국민소득이 2012년에는 6000달러를 넘어서 가계가 소비할 여력이 생겼다. 또한 중국 성장 구조가 수출에서 내수로 바뀌려면 위안화 가치가 올라야 한다. 중국 경제에서 소비 비중이 높아지면 중국은 환율 변동에 덜 연연할 것이다. 이 경우 경상수지 흑자도 축소되고 미국 국채를 살 여력도 줄어든다.

반면에 미국은 중국이 국채를 팔 것이라고 예상하지 않는다. 중국이 미국 국채를 팔면 달러 가치가 폭락하고 중국의 대중 수출이 급격하게 감소할 것이기 때문이다. 중국이 그들이 투자한 자산(미국 국채)이 휴지 조각이 되는 것을 원하지 않을 것이라 생각한다. 경제학자 케인즈는 "1000파운드를 빌리면 은행이 나를 좌우하지만, 100만 파운드를 빌리면 내가 은행을 좌우하게 된다"라고 했는데, 1조 달러 이상을 빌린 미국이 중국을 좌우할 수 있다고 믿는 것이다. 그러나 짐 로저스는 "역사적으로 전 세계 헤게모니가 채무국으로 간 경우는 없다. 헤게모니는 돈이 있고 자산을 쥐는 쪽으로 움직인다"라고 했다. 미국의 기대가 낙관적이라고도 평가할 수 있다.

두 번째 시나리오는 미국 경제에 대한 불신과 시장 심리의 급변으로 달러 가치가 폭락하는 경우다. 국제 금융과 통화 체제의 최고 권위자로 인정받는 배리 아이켄그린[6] 버클리 캘리포니아대학교 교수는 최근의 불균형이 1960년대보다 훨씬 더 신속하게 그 종말을 맞이할 것이라고 보고 있다. '주변부'가 1960년대에 비해 다양하며 응집력이 약화되어 달러 방어를 위한 협조적 집단행동 가능성 낮아졌다는 것이다. 과거와는 달러 채권을 보유한 유럽이 북대서양조약기구NATO를 매개로 미국과 동맹 관계에 있었다면, 지금의 최대 대미 채권국인 중국은 미국과 경쟁 관계에 있다.

아이켄그린은 새로운 주변부를 형성하고 있는 아시아 국가들이 경제 발전 단계가 다르기 때문에 자신들의 개별적 이익을 희생하지 않을 것이라는 점도 지적하고 있다. 또한 2013년 말 현재 5096억 달러의 외환을 보유(세계 4위)하고 있는 러시아 같은 나라가 달러 비중을 줄이면, 아시아 국가들도 동참할 가능성이 높다고 본다. 석유수출기구도 달러라는 폭탄을 한 나라에서 다른 나라로 돌리는 행위에 참여하지 않을 것이다. 그들의 자산과 구매력을 보존해야 하기 때문이다. 연못에 돌을 던졌을 때 이미 생긴 물결은 사라지지 않고 퍼져나가며 새로 생겨나는 물결을 에두른다. 누가 먼저 연못에 돌을 던질 것인가가 문제다.

준비통화국인 미국이 달러 가치를 유지할 능력이 있는가에 대해서도 의문이 제기되고 있다. 현재 미국 저축률이 낮고 재정 적자

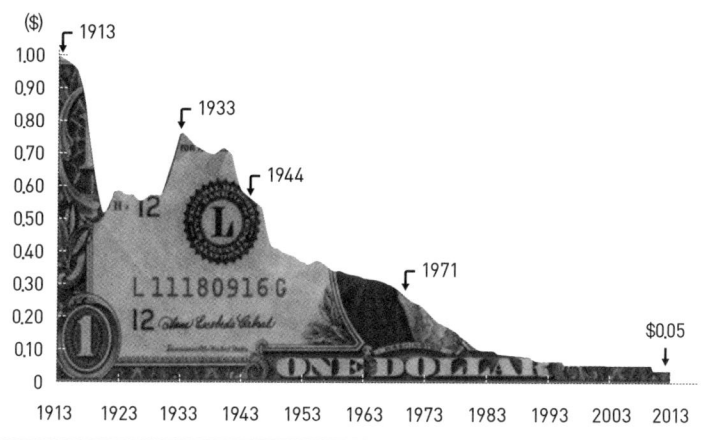

미 달러의 구매력: 1913년 1달러가 2013년에는 5센트로 추락

가 확대된 가운데 미국이 양적 완화를 통해 천문학적인 돈을 풀어 달러 가치를 하락시키고 있다. 연방준비제도이사회가 창립된 해인 1913년의 1달러 가치가 2013년에는 5센트로 하락했다. 자본시장의 자유화와 글로벌화로 민간 자본 거래를 억제하기 어려운 상황에서 투자 심리가 한 방향으로 흐르면 어느 시점에서 달러 가치가 폭락할 수 있다는 것이다. 시장은 언제든지 의견을 만들어왔다. 그리고 지금까지 시장을 억누르려 했던 사람은 많았지만 성공한 사람은 거의 없다.

달러 가치 폭락 시점을 누구도 알 수 없다. 그러나 미국에 대해 최대 채권국인 중국이 우연이든지 의도적이든지 그 시점을 결정할 가능성이 높다. 2016~2017년에 중국이 기업과 은행의 부실을 처리하는 과정에서 달러 가치 하락이 같이 나타날 것으로 조심스럽게 전망해본다.

미국 재무부 장관을 역임했던 로렌스 서머스(하버드대학교 교수)의 말을 인용하면서 이 장을 마무리한다.

"어떤 사람이 지금부터 50년간 혹은 100년간의 역사를 쓸 때, 그것은 2008년의 극심한 경기 침체great recession도 21세기 두 번째 10년 동안 미국이 직면한 재정 문제에 관한 것이 아닐 것이다. 그것은 세계가 중국이라는 역사의 무대 변동에 어떻게 조정하는가에 관한 것이다."[7]

스털링 sterling

파운드 스털링(pound sterling, 기호:£, ISO 코드: GBP)을 말한다. 영국과 영국 왕실령(British Crown dependencies)의 공식 통화이다. 영국 내에서는 '퀴드(quid)'라는 말로도 널리 불린다. 1파운드는 100펜스로 나뉜다. 국제 금융에서 영국의 높은 위상에 따라 준비통화로 기능했다. 제2차 세계대전 이후 전시 긴급 체제였기 때문에 환율 제재를 위해 국가 간 원활한 환율 조정을 위해 스털링 지역(sterling zone)이라는 통화 구역이 생기도 했다. 그러나 전후부터 1970년대까지 준비통화로서의 지위를 완전히 상실했다.

3장

또 다른 뇌관,
일본과 유럽 그리고 신흥국

일본 경제:
재정 파탄을 피할 수 있을까?

20년 이상 디플레이션 상태

일본 경제는 1990년 거품이 붕괴된 이래 디플레이션을 겪고 있다. 일반적으로 디플레이션이란 물가가 지속적으로 하락하는 현상을 의미한다. 물가 하락세가 단기에 그친다면 실질 소득이 늘고 소비가 증가한다. 그러나 물가가 앞으로도 계속 떨어질 것으로 기대된다면 가계는 자연스럽게 소비를 미루게 된다. 예를 들어 어떤 소비자가 노트북을 사려고 하는데, 다음 달에 값이 떨어질 것이라 예측한다면 지금 당장 필요하지 않은 한 구입 시기를 늦춘다. 그리고 원래 구입하려 했던 시기가 왔는데, 또다시 가격이 하락할 것으로 예상되면 이

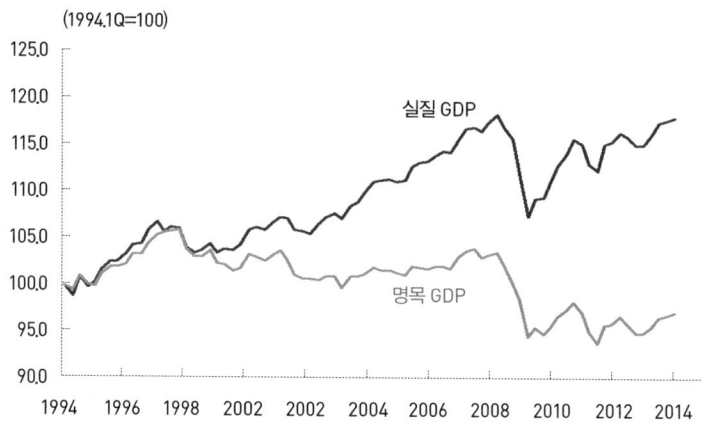

일본의 실질 및 명목 GDP 추이: 물가 하락으로 명목 GDP 감소

자료: 일본 중앙은행

소비자는 노트북 구입을 더 미룰 것이다.

가격이 계속 하락할 것으로 기대하면서 가계가 소비를 하지 않으면 기업의 매출이 줄어든다. 그러면 기업은 고용을 줄인다. 이에 따라 가계 소득이 낮아지며 소비자는 소비를 더 줄이고 다시 물가를 더 떨어뜨린다. 일본 경제는 지난 20년 동안 이런 과정을 반복했다. 소비가 위축되는 가운데 디플레이션 함정에 빠진 것이다.

디플레이션을 측정하기 위해서는 실질과 명목 국내총생산을 보면 된다. 실질 GDP는 물가 수준이 일정 기간 변하지 않는다는 전제 하에 생산량 변화만 측정한다. 그러나 명목 GDP는 물가와 생산량 변화까지 고려한다. 경제가 정상적이라면 물가가 오르기 때문에 명목 GDP가 실질 GDP보다 더 빠르게 성장한다. 한국을 포함해서 대부분의 국가 경제에서 그런 현상이 나타났다. 그러나 일본처럼 물가가 지속적으로 하락하면 그 반대로 실질 GDP가 명목 GDP보다 더 커지는 현상이 발생한다(92쪽 참고). 일본 중앙은행이 1994년부터 GDP를 수정해서 발표하는데, 이때를 기준으로 보면 2013년 4분기 현재 실질 GDP는 18.2% 증가했으나 명목 GDP는 2.7% 감소했다. 그만큼 물가가 하락한 것이다. 실제로 이 기간 일본 경제의 총체적인 물가를 나타내는 GDP 디플레이터는 17.8% 하락했다.

GDP **디플레이터** GDP deflator
명목 GDP를 실질 GDP로 나눈 것으로 그 나라 국민 경제의 물가 수준을 나타낸다. 즉, 국민소득에 영향을 주는 모든 경제 활동을 반영하는 종합적 물가 지수로 사용된다.

아베노믹스의 목표는 디플레이션 탈피

일본 정책 당국은 디플레이션에서 탈피하기 위해 모든 힘을 다 쏟고 있다. 그것이 이른바 '아베노믹스'이다. 이미 기준 금리를 영(0) 퍼센트까지 인하했기 때문에 더 이상 금리 정책을 쓸 수 없다. 그래서 비전통적 통화 정책의 하나인 양적 완화로 돈을 무한정 공급하고 있다. 2012년 9월부터 통화 정책 회의 때마다 통화 공급을 늘리기로 했으며, 특히 2013년 1월에는 소비자물가가 2% 상승할 때까지 무한정으로 돈을 찍어내-본원통화 공급을 확대해-국채 등 자산 매입을 늘리기로 했다. 이와 더불어 엔화 가치 하락을 유도하여 물가 상승을 도모하고 있다. 2012년 9월에 78엔까지 하락했던 엔/달러 환율이 2014년 4월 현재 103엔을 넘어서 엔화 가치가 이 기간 31%나 하락했다.

또한 2012년 정부 부채가 GDP의 236%로 매우 높음에도 불구하고 재정 지출을 대규모로 확대하기로 했으며, 신산업 육성 등 새로운 성장 전략도 아베노믹스에 포함했다.

이런 정책 효과가 나타나면서 소비 심리가 부분적으로 호전된 가운데 경제가 회복세를 보이고 있다. 일본 경제가 2012년에 이어 2013년에도 1.5% 성장했다. 명목 GDP도 2013년에는 1.0% 증가해 일본 경제가 20년 넘게 지속된 디플레이션에서 탈피하려는 조짐까지 보이고 있다.

일본 중앙은행, 통화 공급 확대 지속

그러나 경제 회복 속도가 느리기 때문에 일본 정부는 앞으로도 돈을 더 풀고 엔화 가치 하락을 유도할 것이다. 우선 통화 공급이 크게 늘고 있다. 2013년 한 해에 본원통화가 무려 46.6%나 증가했다. 한국의 본원통화가 2013년에 9.7% 증가한 것과 비교해보면 일본이 얼마나 돈을 많이 풀고 있는가를 짐작할 수 있다. 소비자물가 상승률이 2%에 이를 때까지 돈을 풀기로 한만큼 2014년 이후에도 본원통화를 계속 늘려갈 것이다.

일본 중앙은행이 돈을 더 풀고 물가가 상승하면 명목 금리보다는 물가가 더 빠르게 올라 실질 금리는 하락하게 된다. 환율을 결정하는 데 가장 중요한 요인 중 하나가 국가 간 실질 금리 차이이다. 미국의 실질 금리는 양적 완화 축소 등 통화 정책의 정상화 과정에서 오를 가능성이 높다. 그렇게 된다면 미·일 실질 금리 차이가 더 확대되어 엔화 가치는 더 하락할 수 있다. 1990년부터 최근까지 엔/달러의 평균 환율이 111원이었고, 원/달러 환율의 평균은 1028원이었다. 아직도 엔화 가치가 과거 평균 이하에 머물고 있다는 사실을 고려하면 지금이 본격적인 엔저 시대는 아니다. 엔/달러 환율이 조만간 금융위기 수준 전인 110엔대로 갈 가능성이 높아 보인다.

(이 책의 프롤로그에서 2016년 하반기에 달러 가치 폭락에 따라 일본 엔화 가치가 상대적으로 오르는 시나리오를 제시했다. 그러나 그 이전까지는 엔 가치가 하락할 가능성이 높다.)

일본의 재정 파탄, 글로벌 경제 불안의 뇌관

소비자물가가 일본 정부가 목표로 하는 2%까지 상승하고 이를 계속 유지한다면, 국채 수익률(10년 기준)은 그 이상으로 오를 것이다. 이 경우 2012년 현재 GDP의 236%의 부채를 짊어지고 있는 일본 정부가 국채 이자 부담을 어떻게 할 것인가가 문제다. 2013년에 일본 국채(10년) 수익률이 0.7% 정도에서 움직이고 있는데, 정부가 부담하는 이자는 GDP의 2%(약 8조 엔) 정도이다.

그러나 소비자물가가 2%로 상승하고 이에 따라 국채수익률도 3%로 오른다고 가정하면, 일본 정부는 GDP의 7%(약 34조 엔) 정도를 이자로 지급해야 한다. (저금리로 발행되었던 국채가 만기 도래해 3%로 차환 발행된 것을 가정한 수치이다.) 세수가 이 정도로 늘어나지 않는다면 심각한 문제에 직면할 수 있다. 일본의 국세 수입 규모는 2011년에 GDP의 9.1%였다. 세수가 더 늘지 않는다면, 약 80%의 국세 수입을 국채 이자로 지급해야 한다. 정부가 다른 데 쓸 돈이 거의 없다는 뜻이다. 극단적으로 정부가 파산 상태에 이를 수도 있음을 시사한다. 이런 세수 부족을 메꾸기 위해 일본 정부는 2014년 4월부터 소비세를 3%에서 5%로 인상했지만, 그 효과는 크지 않을 전망이다. 20년 넘게 디플레이션에 시달린 일본 국민이 물가가 올라도 갑자기 소비를 늘릴 가능성이 낮기 때문이다.

또한 금리가 오를 때, 국채의 60% 정도를 보유하고 있는 보험사 등 금융회사들이 채권 투자 손실을 얼마나 감당할 수 있는지도 중요한 문제이다. 가지고 있는 국채 가격의 하락으로 자본이 줄어드는 효과가 나타나면 금융회사들은 대출을 갑자기 줄여야 하는 자본 경색 credit crunch 이 나타날 수 있다. 이 경우 일본의 실물 경제가 다시 급격하게 위축되며 나아가서는 일본 금융회사들의 해외 자금 회수로 글로벌 금융시장에 큰 충격을 줄 가능성이 높다. 외환위기가 발생하기 직전인 1997년에 일본 엔화 자금이 한국 금융시장에서 급격하게 빠져나가면서 한국 경제에 큰 충격을 주었는데, 이런 현상이 다른 나라에서도 일어날 수 있다는 것이다. 그렇다면 일본이 또 다른 글로벌 경제위기를 초래할 뇌관 역할을 할 수 있다.

유로존 경제:
재정 통합이냐 유로 해체냐?

유로존 경제는 일본과 더불어 2008년 글로벌 금융위기를 겪으면서 가장 큰 타격을 받았다. 예를 들면 2009년 경제 성장률이 −4.4%로, 금융위기의 진원지인 미국의 −2.8%보다 경기 침체 정도가 더 심했다. 유로 지역의 실업률도 2007년 4.6%에서 2009년에는 9.3%로 급등했다.

유로존 경제가 이처럼 글로벌 금융위기에 큰 충격을 받은 것은 독일을 제외한 다른 나라들의 경제가 매우 취약했기 때문이다. 특히 2012년 독일 메르켈 총리가 유로에서 탈퇴시킬 것까지 고려했던 그리스를 포함해서 아일랜드, 키프로스, 스페인, 포르투갈의 경제는 파산 직전까지 갔다. 이들 국가는 민간 부채가 많을 뿐만 아니라 순외채가 국내총생산의 80~100%로 매우 높았다. 또한 노동생산성이 낮고 고용은 비탄력적이었다.

환율은 대내외 불균형을 조정하는 데 큰 역할을 한다. 한국은 1997년 IMF 경제위기를 겪으면서 환율의 역할을 실감할 수 있었다. 경제위기 이후 원화 가치가 폭락했다. 이에 따라 외국인 자금이 큰 폭으로 유입되었다. 외국인 입장에서 한국 주식·부동산·기업 가치가 싸진 것이다. 다른 한편으로는 환율 상승에 따라 한국 대기업들의 가격 경쟁력이 높아져 수출이 늘고 달러를 벌어들여 위기를 극복할 수 있었다. 물론 이 사이에 금융회사와 기업이 뼈아픈 구조조정을 거쳤다. 심지어 국민들은 '금 모으기 운동'까지 했다.

만약 그리스가 과거의 '드라크마'와 같은 자체 통화를 가졌다면, 그리스 통화 가치는 폭락했을 것이다. 나는 몇 년 전 그리스 여행을 한 적이 있다. 만약 그리스가 그 나라의 독립적 화폐를 가졌다면, 통화 가치가 폭락했을 것이기 때문에 그리스 여행을 싸게 할 수 있었을 것이다. 한 나라가 경제위기를 겪으면서 그 나라 통화 가치가 폭락하고, 이에 따라 그 나라로 돈이 들어오면서 국제수지가 조정되는 것이다.

그러나 그리스 통화는 드라크마가 아니고 '유로'다. 독일과 비교할 때 모든 면에서 경쟁력이 취약한 그리스가 독일과 하나의 환율 아래서 견디고 있는 것이다. 이런 상황에서는 국제수지가 개선될 가능성이 낮다. 그렇다면 1997년 한국이 경제위기를 겪으면서 했던 것처럼

자료: 유로 중앙은행

각 경제 주체가 뼈아픈 구조조정을 해야 한다. 하지만 그들의 구조조정은 매우 느린 속도로 진행되고 있다.

유로존 경제는 2010~2011년에 잠깐 회복되었으나, 2012~2013년에는 마이너스 성장으로 이중 침체에 빠졌다. 2014년 들어서는 1%대 성장으로 서서히 회복되고 있지만, 유로존 경제가 본격적으로 성장 궤도에 들어선 것은 아니다.

헬무트 콜 전 독일 총리가 1991년에 "정치 동맹 없는 통화 동맹은 허공에 성을 짓는 것이나 마찬가지이다"라고 말했던 것처럼 유로존의 현 위기는 재정 통합 없이 극복되기 어렵다. 그러나 독일 국민은 재정 통합을 허용하지 않으려 한다. 쉽게 말하자면 자기들이 열심히 일해 돈을 벌어놨는데, 그 돈으로 게으른 그리스인을 도와주기 싫다는 것이다.

현재 재정 동맹의 전 단계인 '은행 동맹'이 논의되고 있다. 은행 동맹의 핵심은 유로존 각국을 총괄하는 은행 감독 기구를 만들고, 이 기구에서 유로존 주요 은행의 예금을 유로화로 보장해주는 것이다. 독일은 1921년 하이퍼 인플레이션을 경험했다. 그 때문에 독일 국민은 이른바 '인플레이션 트라우마'에 사로잡혀 있다. 그래서 처음에는 은행 동맹 자체를 반대했다. 이 사안을 1년 이상 논의 중이지만 아직도 결론을 내리지 못하고 있다. 유로 각국은 재무장관 회담이나 정상 회담을 가끔 한다. 그러나 합의 사항도 지지부진하고 행동은 더욱 느리다.

2016년 하반기 이후 중국의 미국 국채 매각으로 달러 가치가 폭락하면 유로화는 상대적으로 강세로 갈 것이다. 이 경우 유로 경제는 2009년처럼 극심한 경기 침체를 겪을 가능성이 높다. 이러한 경기 침체가 재정 통합을 촉진시키는 계기가 될 수 있다. 그러나 독일 메르켈 총리는 2012년처럼 새로운 유로를 구상할 가능성이 높다. 과학자이면서 정치가인 메르켈이 비용을 감당하고 경쟁력이 없는 5개국(그리스, 아일랜드, 키프로스, 스페인, 포르투갈)의 탈퇴를 유도할 것인가 아니면 재정 통합까지 먼 길을 가면서 계속 형제국들을 지원해줄지를 결정하게 될 것이다.

03

이머징 마켓의
변화

장기적으로 이머징 마켓이 세계 경제의 성장 축

펜실베이니아 와튼경영대학의 제러미 시걸 교수는 글로벌 해법[8]을 제시했는데, 그의 말을 인용해보면 다음과 같다.

"개발도상국의 성장은 고령화하는 선진 세계에 대한 수출이 폭발적으로 늘어나면서 가속화할 것이다. 이들 신흥국가들은 수출로 벌어들이는 달러, 엔화 그리고 유로화를 위한 방출구를 찾아야 한다. (중략) 앞으로 50년 동안 세계 경제의 중심은 동쪽으로 이동하게 될 뿐만 아니라 자산 가치와 퇴직 기회에 미치는 고령화 물결의 파괴적 영향을 완화해줄 자산과 상품의 대규모 교환이 발생할 것이다. (중략) 나는 이를 글로벌 해법이라 부른다."

예를 들면 미국의 플로리다 주 노인들의 소비가 다른 49개 주 젊은 층이 만든 상품과 서비스를 구매함으로써 유지될 수 있다. 더 나아가 플로리다 퇴직자들은 어느 주든 관계없이 젊은 투자자에게 자신의 자산을 매각할 수도 있다. 이와 마찬가지로 개발도상국이 선진국에 상품과 서비스를 공급했고 이제는 그들의 금융상품을 사주면서 글로벌 경제위기를 극복할 수 있다는 것이다.

나는 장기적으로 시걸 교수의 글로벌 해법이 전개될 것으로 보고 있다. 경제의 비밀은 인구에 있다. 사람들이 젊어야 소비가 일어난다. 젊은이들이 집과 주식을 산다. 이머징 마켓의 인구는 젊다. 또한 경제 성장에 따라 소득이 늘고 있다. 가계가 돈을 빌려 소비할 수 있다. 정부도 부채가 낮기 때문에 지출을 늘려 경기를 부양할 수 있다. 또한 신흥국들은 지난 20여 년 동안 선진국에 상품을 팔아 많은 외환을 쌓아두었다. 이 돈들이 점차 선진국 금융상품을 사면서 세계 경제위기를 극복해갈 것이다.

2016년 전후 위기를 겪을 가능성 높아

그러나 앞으로 2~3년 정도를 앞서 보면 이머징 마켓의 미래는 밝지 않다. 특히 브릭스BRICS가 그렇다. 앞서 우리는 중국 경제가 고성장 과정에서 과잉 투자를 했는데, 이제 수요가 부족하다 보니 기업과 은행이 부실해지고 있는 것을 보았다. 인도 경제는 5% 안팎의 성장을 하면서 상대적으로 좋은 편이지만, 브라질·러시아의 경제 성장률은 2012년 이후 1~3%로 급락했다. 이 과정에서 기업과 은행의 부실이 누적되었고 언젠가는 외과 수술을 한 번 받아야 할 형국이다. 한국이 1997년 경제위기를 겪으면서 부실을 털어낸 것처럼, 이들 나라도 구조조정을 해야 할 것이다.

지난 30여 년 동안 글로벌 경제를 보면 10년 단위로 선진국과 이머징 마켓이 번갈아 가면서 경제위기를 경험했다. 위기의 정도는 크지 않았지만 1987년에서 미국에서 '블랙 먼데이'가 있었고 10년 후인 1997년에는 한국을 비롯한 일부 동남아 국가들이 외환위기를 겪었다. 그리고 2008년에는 선진국인 미국에서 글로벌 금융위기가 발생했다. 2017년 전후에 글로벌 경제가 또 한 번 위기를 겪을 가능성이 높은데, 그 위기의 진원지는 중국, 브라질, 러시아 등이 될 가능성이 높다. 이들 국가가 그동안 쌓인 부실을 처리해야 하기 때문이다.

그리고 앞으로 브릭스보다는 베트남과 인도네시아 같은 나라에 더 관심을 두어야 할 것이다. 나는 2년 전 베트남 호찌민 시에서 한국 기업인들을 대상으로 '글로벌 경제 동향 및 전망'이라는 주제로 강의한 적이 있다. 호찌민에 이미 2000개 정도의 한국 기업이 진출해 있었다. 한국 기업들이 왜 그렇게 많이 진출했겠는가? 돈이 보이기 때문일 것이다.

　호찌민 시를 방문해본 사람은 알겠지만, 수많은 오토바이가 서로 가까이 붙어 다니면서도 신기하게 사고도 잘 안 난다. 베트남 1인당 국민소득은 1000달러 정도이다. 이 나라의 소득이 3000달러로 늘어나면 그 오토바이가 자동차로 변할 것이다. 그러면 도로 등 사회간접자본 시설을 대폭 확충해야 하고 자동차 수요 증가와 함께 소비도 크게 늘 것이다. 한국의 1인당 국민소득이 1977년에 1000달러를 넘어섰다. 그 이후 한국 경제의 변화 모습을 보면 베트남 경제의 미래를 짐작할 수 있을 것이다.

또 다른 변수, 금값 상승과 **달러 가치 하락**

> 달러가 하락할 수밖에 없는 이유는 배후 조종 세력이 있어서다. 반면에 금은 독자적으로 가치가 상승한다.
>
> — 존 코서

2013년 28%나 하락했던 금 가격이 2014년 현재 10% 이상 상승했다. 2014년의 금값 상승이 2013년 급락에 따른 일시적 현상인가 아니면 추세 전환 신호인가? 그것은 달러 가치에 달려 있는데, 중장기적으로 보면 달러 가치가 하락하고 금값은 상승할 가능성이 높아 보인다.

2013년 금 가격이 하락한 것은 거시경제적 측면에서 보면 물가가 안정되었고 달러 가치가 상승했기 때문이다. 미국 경제를 중심으로 전 세계 경제가 잠재 성장 능력 이하로 성장하고 있기 때문에 물가가 매우 낮은 수준에서 안정되었다. 또한 미국 경제가 다른 나라 경제보다 상대적으로 좋고 양적 완화 축소 문제로 달러 가치가 오른 것도 금 가격 하락 요인으로 작용했다.

중국이 세계 최대 금 시장으로 부상

그러나 무엇보다 수급 불균형이 금 가격을 크게 하락시켰다. 세계금협회World Gold Council에 따르면 2013년 금 총공급은 4340톤이었는데 수요는 3756톤에 그쳤다. 공급은 2012년보다 2% 감소했는데, 수요가 15%나 줄어 금 가격이 폭락할 수밖에 없었다.

수요를 조금 더 세분해서 보면 개인이 가장 중요한 금 수요자가 되고 있다. 2013년에 개인이 사들인 금은 3864톤으로 2012년보다 21%나 증가했다. 특히 2013년에 중국 개인들의 금 수요가 1066톤으로 2012년보다 32% 급증했다. 중국이 세계 최대 금 시장이 된 것이다. 중국과 더불어 인도(975톤, 13%)에서 금 수요가 큰 폭으로 증가했으며, 규모는 크지 않지만 터키(60%), 태국(73%) 등에서 수요가 대폭 늘었다. 또한 2013년에 미국 개인들의 금 수요도 18% 증가한 것으로 나타났다. 한편 2013년 각국 중앙은행의 금 순매수 규모는 2012년보다 32% 줄었지만, 369톤으로 매수세는 이어졌다.

이처럼 중국을 중심으로 개인들의 금 수요가 큰 폭으로 증가했다. 그럼에도 2013년에 금 가격이 폭락한 것은 금 관련 상장지수펀드$_{ETF}$에서 881톤을 매각했기 때문이다. 이처럼 ETF에서 대규모로 금이 매각된 것은 선진국을 중심으로 세계 경제가 회복됨에 따라 투자 펀드들이 안전 자산보다는 주식 등 위험 자산을 선호했기 때문인 것으로 분석된다. 2013년 한 해 동안 일본 주가$_{닛케이225}$가 57%나 폭등했고 미국 주가$_{S&P500}$도 30%나 상승했다.

2014년에도 중국과 인도의 개인들이 금을 꾸준히 사들일 것으로 전망된다. 중국 인민은행은 2013년 말 현재 3조 8213억 달러의 외환을 보유하고 있지만, 이중 금 보유는 1.1%로 매우 낮다. 독일·이탈리아·프랑스 중앙은행은 외환 보유액의 65% 정도를 금으로 운용하고 있다. 이런 점에서 볼 때 중국 중앙은행이 금을 더 살 가능성이 높다.

문제는 ETF가 위험 자산을 선호하면서 2013년처럼 금을 대폭 매각할 것인가에 달려 있다. 그래서 거시경제 변수, 특히 미 달러 가치가 중요하다. 그래서 달러 가치 중심으로 금 가격을 전망해본다.

달러 가치와 금 가격 사이에 역상 관계 높아

장기적으로 보면 금과 달러 가치는 다른 방향으로 움직였다. 실제로 과거 통계가 그런 경향을 나타내고 있다. 1980년 이후 금과 달러의 상관관계를 구해보면 같은 기간의 상관 계수가 −0.607로 나타났

금 가격과 달러 가치의 시차 상관 계수						
t-3	t-2	t-1	t	t+1	t+2	t+3
−0.605 (−0.792)	−0.606 (−0.794)	−0.607 (−0.794)	−0.607 (−0.795)	−0.600 (−0.784)	−0.592 (−0.769)	−0.583 (−0.755)

주: 1) (−)는 달러가 금에 선행, (+)는 후행을 의미
2) 분석 대상 기간은 1980. 1. ~ 2014. 1. ( )는 2000. 1. ~ 2014. 1. 상관 계수

달러 가치와 금 가격의 장기 추이

자료: 블룸버그

다. 2000년 이후 통계로 보면 상관 계수가 −0.795로 더 높아졌다. 시차 관계도 거의 없었다. 즉, 달러 가치가 하락하면 같은 달에 금 가격은 상승했다. 반대로 달러 가치가 상승하면 같은 달에 금 가격이 하락했다. 탄력도를 구해보면 달러 가치가 1% 변동할 때 금 가격은 2.2% 움직인 것으로 나타났다.

앞에서 우리는 2002년부터 달러 가치 하락 추세가 지속되고 있음

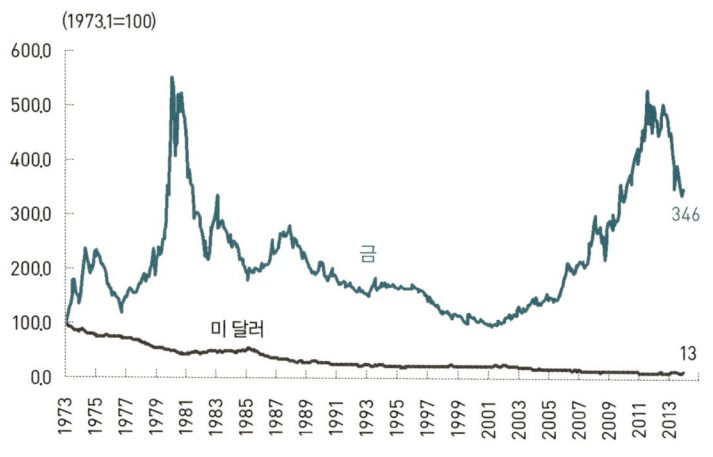

주: 미 달러 지수와 금 가격을 소비자물가 지수로 나눠 계산한 것임

을 살펴보았다. 특히 달러 가치가 유로, 엔 등 선진국 통화보다도 신흥시장 통화에 비해서 더 떨어진 독특한 양상을 확인했다. 앞으로 미국 경제의 불균형 해소 과정에서 달러의 약세는 계속될 것으로 보인다. 그동안 달러 강세의 원인이었던 미국으로의 자금 유입 또한 줄어드는 추세이다. 이런 상황에서 중국 등 미국 국채 보유국이 채권 매각에 나서거나 시장 변동으로 달러 가치가 폭락하는 상황까지 예측할 수 있다. 그렇다면 달러 약세는 시장의 자연스러운 흐름이 될 것이고 이와 반대로 금 가격은 강세를 예상해볼 수 있다.

4장

3년 후 한국,
위기는 그림자처럼 다가온다

2017

3년 후 다가올
경제위기의 성격

한국은 지난 1997년 외환위기를 겪었고, 2008년에는 미국에서 시작된 글로벌 금융위기로 또 한 번 어려움을 경험했다. 2017년에 다시 경제위기가 온다면 그것은 어떤 성격일까?

1997년에 한국은 IMF 경제위기를 겪었다. 이규성 전 재정경제부 장관은 1080페이지에 이르는 『한국의 외환위기』라는 저서에서 외환위기 원인과 그 극복 과정을 분석하고 있다.⁹ 그는 외환위기 원인을 크게 일곱 가지로 지적하고 있다. 그 내용은 다음과 같다.

① 자본 거래 자유화에 따른 기업과 은행의 무분별한 해외 차입

② 기업의 백화점식 외형 경쟁에 따른 과잉 투자와 재무 구조 악화

③ 이에 따른 기업의 경쟁력 저하

④ 노동시장의 경직성과 노사분규 심화

⑤ 글로벌 스탠더드의 미채택

⑥ 대기업의 불패 신화

⑦ 다른 아시아 국가의 전염

이 중에서도 가장 중요한 것은 대기업들의 과잉 투자와 자본시장 개방에 따른 무분별한 해외 차입이었다. 대기업들이 문어발식 방만한 경영을 하면서 과잉 투자를 했다. 그래서 국내 총투자율이 저축률보다 높아지고 경상수지 적자가 확대되었다. 국민 경제 전체적으로 보면 투자는 자금의 수요이고 저축은 자금의 공급이다. 투자가 저축보다 많다 보니 자금 수요가 공급보다 많아 자금이 부족했고 고금리 상태가 지속되었다. 이런 상태에서 한국은 1996년 '선진국 클럽'이라는 경제협력개발기구$_{OECD}$에 가입하면서 금융시장 개방을 확대했다. 해외에서 싼 자금을 빌려 쓸 여지를 마련해준 것이다. 이에 따라 자본수지가 대폭 흑자를 이루고, 이는 원화 가치 상승을 통해 경상수지 적자를 확대시켰다. 이런 상태에서 태국 등에서 발생한 외환위기가 한국으로 전염되면서 자본이 급격하게 빠져나갔다. 한국은 달러 부족으로 1997년에 외환위기를 겪게 되었다. 외환위기를 겪으면서 IMF의 힘을 빌려 구조조정을 단행해야 했다. 공적 자금도

168조 원 정도 투입되었다. 결국 기업과 금융 부문의 부실을 가계와 정부가 부담한 것이다.

2008년 위기는 미국 등 선진국의 금융위기에 기인했다. 미국 등 선진국 경제가 침체에 빠지자 수출 의존도가 높은 한국 경제도 타격을 받지 않을 수 없었다. 그러나 2009년 한국 경제는 상대적으로 충격을 덜 받았다. 2009년 세계 경제가 선진국(-3.5%) 중심으로 -0.4% 성장했으나, 한국 경제는 0.7% 성장했다. 한국 경제가 그나마 약간이라도 성장했던 것은 중국 덕택이다. 2008년 미국에서 금융위기가 발생하자 중국은 내수 부양책을 썼고 2009년 경제 성장률은 10.0%로 오히려 더 높아졌다.

한국의 수출 중 중국이 차지하는 비중이 2000년 11%에서 2009년에는 24%로 올라갔다. (같은 기간 대미 수출 비중은 22%에서 15%로 떨어졌다.) 2003년부터 중국이 미국을 제치고 한국의 최대 수출시장으로 변모했는데, 당시까지 중국 경제의 높은 경제 성장이 한국 경제를 어느 정도 견인해준 것이다.

그렇다면 앞으로 경제위기 온다면 어떤 성격일까? 한국 경제는 두 번의 경제위기를 거치면서 대외 의존도가 높아졌다. 예를 들면 국내총생산에서 수출이 차지하는 비중이 1997년 32%에서 2012년에는 57%로 증가했다. 그 대신 민간 소비 비중은 과소비로 가계가 부실해지지 시작했던 2002년에 57%였으나 2012년에는 54%로 낮아졌다. 대외 의존도가 높아졌기 때문에 한국 경제가 세계 경제 변동

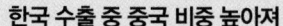
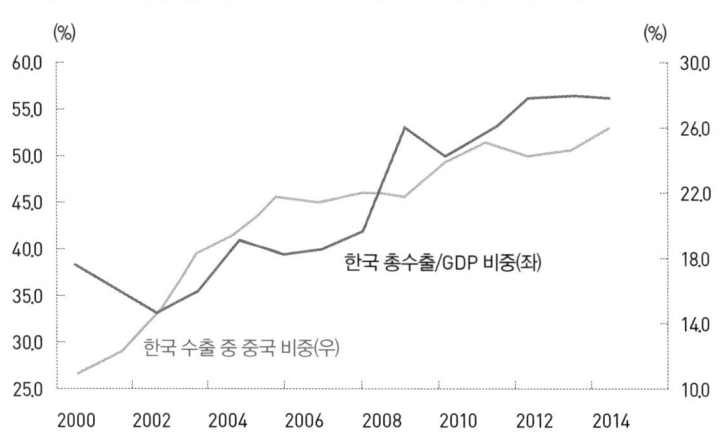

자료: 한국은행, 산업통상자원부

에 더 영향을 받을 수밖에 없음은 자명하다.

이런 상황에서 한국 수출 중에서 26%를 차지하고 있는 중국 경제(홍콩을 포함하면 31%)가 경착륙하거나 경제위기를 겪게 된다면 그 충격이 얼마나 클지를 짐작해볼 수 있다. 그렇다고 가계 부채가 1000조 원에 이를 정도로 높아졌기 때문에 소비가 늘어 경제 성장을 뒷받침할 가능성도 낮아졌다. 여기다가 재정 적자가 확대되는 등 공공 부문도 부실해지고 있다. 1997년 외환위기가 기업과 금융회사의 부실로 발생했고, 그 부실을 개인과 정부가 받아주었다. 그렇다면 앞으로는 공공 부문의 부실이 경제위기를 초래할 수 있으며, 그 부실은 한국은행이 더 나아가서는 가계가 떠맡아야 할 것이다.

1997년 외환위기를 겪으면서 한국 경제의 잠재 성장률이 7%대에서 4%대로 떨어졌고, 2008년 글로벌 금융위기를 겪으면서 다시 3% 안팎으로 떨어졌다. 2017년 세계 경제가 중국을 중심으로 위기를 겪을 가능성이 높은데, 그 후 한국의 잠재 성장률은 2%로 떨어지고, 장기간 디플레이션을 겪을 전망이다. 지금부터는 이런 문제를 하나하나 짚어보고 대응 방향을 찾아보자.

한국 경제,
앞으로 5년 동안 2%대 저성장

'747', 이명박 전 대통령이 2007년 대선에서 선거 공약으로 내세웠던 눈에 익숙한 수치이다. 이 중에서 앞의 '7'은 집권 기간 동안 연평균 7%의 경제 성장을 달성하겠다는 뜻이다. 그런데 이명박 정부 5년 동안의 실제 성적은 어떤가? 연평균 경제 성장률은 3.2%였다. 목표치의 절반에도 미치지 못했다. 양적으로 평가해보면 'C'나 'D' 학점이다.

박근혜 대통령은 2014년 신년 기자회견에서 '경제혁신 3개년 계획'을 추진할 것이라 밝히면서 '474비전'을 제시했다. 잠재 성장률을 4%대로 올리고, 고용률 70%를 달성하며, 국민소득 4만 달러 시대 기반을 마련하겠다는 것이다. 그렇다면 한국 경제의 성장 능력은 어느 정도이고, 박근혜 정부 5년 동안 연평균 4%의 경제 성장은 가능한 것일까?

잠재 경제 성장률 3%대로 하락

경제 성장 능력을 따질 때 우리는 흔히 잠재 성장률을 이야기한다. 잠재 성장이란 '생산요소를 완전 고용했을 때 생산할 수 있는 능력' 또는 '인플레이션을 유발하지 않고 성장할 수 있는 능력' 등으로 정의된다.

2013년 말 국회예산정책처는 한국의 잠재 성장률을 추정해서 발표했다.[10] 이에 따르면 2008년부터 2012년까지의 5년 동안 잠재 성장률은 연평균 3.8%였다. 그러나 실제로는 3.2% 성장에 그쳤으니, 0.6%포인트 정도 능력 이하로 성장한 셈이다.

국회예산정책처는 2013~2017년 잠재 성장률을 연평균 3.5%로 추정했다. 이렇게 잠재 성장률이 떨어진 이유는 우선 생산을 결정하는 노동 증가가 거의 없을 것이고, 이미 자본이 많이 축적된 상태이기 때문에 자본도 크게 늘어나기가 어렵기 때문이다. 앞으로 잠재 성장률이 올라가기 위해서는 총요소 생산성이 증가해야 한다. 국회예산정책처는 2013년 이후 5년 동안 총요소 생산성의 잠재 성장 기여도가 2.2%포인트로 그 이전 5년(1.4%포인트)보다 높아질 것으로 전망하고 있다. 생산성 증가로 그나마 3.5% 경제 성장을 유지할 것이

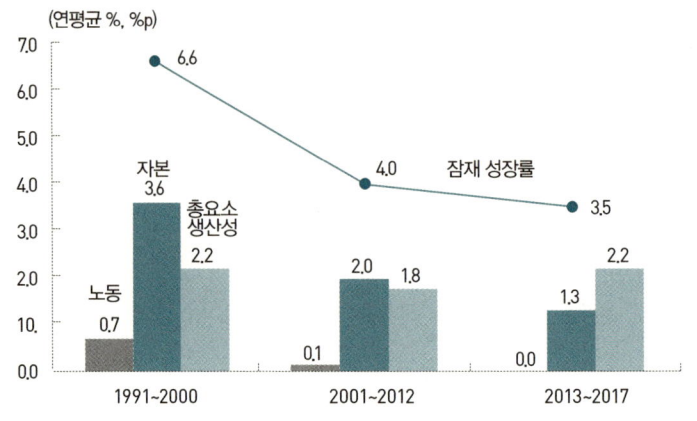

자료: 국회 예산처

라는 이야기다.

계단식으로 낮아지는 경제 성장률

1970년 이후 한국 경제 성장률 추이를 보면 대통령이 바뀔 때마다 성장률이 계단식으로 한 단계씩 떨어졌음을 발견할 수 있다. 박정희 정부 때(1970~1979년) 한국 경제는 성장을 최우선시하는 정책 등의 영향으로 연평균 10.3%라는 매우 높은 성장을 했다. 그리고 전두환 정부(1981~1987년) 들어서도 저달러·저유가·저금리의 이른바 '3저 호황'으로 수출이 크게 늘면서 10%의 고성장을 지속했다.

그러나 노태우 정부 이후 성장률이 둔화되기 시작했다. 1988년 한국에서 올림픽이 개최된 이후 1989년부터 세계 경제 성장률이 둔화된 탓도 있지만, 한국에서 분배 문제가 본격적으로 대두되었던 것이 결정적이었다. 1987년 한국의 1인당 국민소득은 3402달러로 처음으로 3000달러를 돌파했다. 기본적으로 먹고사는 문제가 어느 정도 해결된 것이다. 요즘 신문을 보면 '경제 민주화'라는 단어가 자주 나오는데, 이 시기에 경제 민주화라는 말이 헌법에 들어가는 등 본격적으로 논의되기 시작했다.

김영삼 정부 들어서서는 전 세계적으로 신자유주의가 득세했다. 일부 전문가들이 "정부에서 공무원으로 일하는 것은 시간 낭비다"라고 말할 정도로 시장을 신뢰했다. 한국도 당시 시장 개방을 확대하고 OECD에 가입하였다. 그러나 1997년 IMF 경제위기를 겪게 되고 구조조정을 할 수밖에 없었다. 김대중 정부는 IMF의 힘을 빌려 구조조정을 과감하게 단행했다. 기업 측면에서 구조조정이란 경쟁력 있는 기업은 더 강하게 키우고, 부실 기업은 시장에서 퇴출하는 것이다. 구조조정이 진행되는 가운데 경제 성장률은 급격하게 하락했다. 김영삼 정부 때 연평균 경제 성장률이 7.4%였으나 김대중 정부에서는 5.0%에 그쳤다.

구조조정과 경제 성장률의 둔화로 경제 주체 간 차별화가 더 심화되었다. 삼성전자 같은 일부 글로벌 경쟁력을 갖춘 기업은 오히려 더 이익을 냈으나, 경쟁력이 없는 기업은 시장에서 퇴출되었다. 구조조정 이후 실업이 증가하면서 가계의 소득 차별화도 심화되었다. 노무

현 정부는 동반 성장을 강조했으나, 4%대로 낮아진 경제 성장률로 그 목표를 달성하기란 쉽지 않았다. 이명박 정부 들어서는 선진국의 가계 및 정부 부실로 경제위기가 전 세계로 확산되면서 수출 환경이 악화되었다. 또한 한국 가계의 높은 부채로 소비가 위축되면서 연평균 경제 성장률은 2.9%로 주저앉았다.

계단식으로 떨어지기만 했던 경제 성장률을 박근혜 정부가 처음으로 올릴 수 있을까? 국회예산정책처가 전망한 것처럼 한국 경제가 잠재 성장률(3.5%)을 따라 성장한다면 그럴 수도 있다. 그러나 국내외 경제 여건이 녹록지 않다. 미국 경제는 불균형이 해소되는 과정에서 저성장이 불가피하다. 1990년대 중반 이후 미국 경제는 정보통신 혁명의 영향으로 이른바 고성장과 저물가를 동시에 달성했다. 경제 전문가들이 이를 '신경제'라 불렀고, 가계는 신경제를 낙관하면서 돈을 빌려 능력 이상으로 소비했다. 미국 국내총생산에서 민간 소비가 68%를 차지하는데, 이제 가계가 돈을 벌면 부채를 갚아가고 있다. 주택 가격 회복세도 언제까지 지속될지 불투명하다.

유로 지역의 국가 채무 위기 최종 해결책은 재정 통합이다. 그러나 중간 단계인 은행 연합마저도 논의만 되고 있지 어떤 결론도 도출하지 못하고 있다. 2012년 9월 유로 중앙은행ECB이 위기에 직면한 국가의 국채를 무제한 매입해주기로 결정한 이후 금융시장이 안정되고 있지만, 근본적으로 국가 채무 위기가 극복된 것은 아니다. 재정 적자를 줄이려면 지출을 줄이거나 세금을 더 거둬야 한다. 그러나 대다수

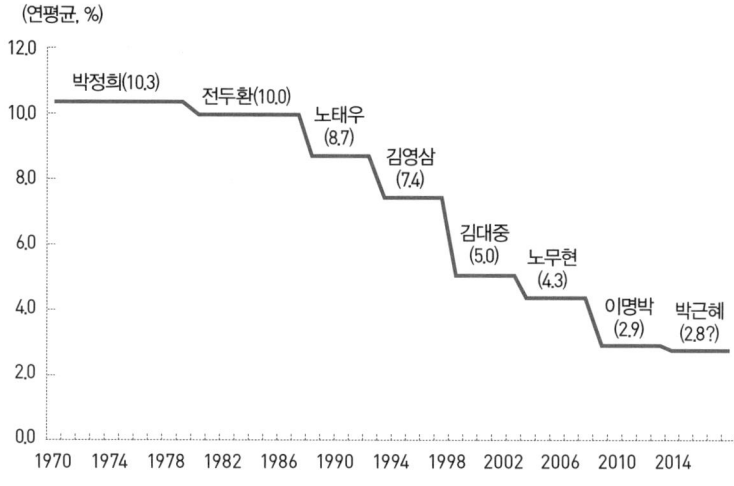

주: 1980년은 제외
자료: 한국은행

국민의 저항으로 지출을 줄이기 어렵고, 경제가 마이너스 성장을 하고 있기 때문에 세금을 더 거둬 재정을 개선시킬 상황은 아니다.

큰 흐름을 보면 세계 경제의 성장 축이 기존의 선진국[67]에서 중국, 인도 등 이머징 마켓으로 바뀌는 과정이다. 그러나 아직은 이들이 선진국 경제 성장의 둔화를 대체할 정도로 경제 규모가 크지는 않다. 특히 중국 경제가 지난 30여 년 동안 연평균 10%의 놀라운 성장을 달성했는데, 이제는 7%대로 경제 성장이 둔화되는 단계에 접어들었다. 경제 성장률이 한 단계 떨어지면 고성장 때의 과잉 투자로 기업과 금융회사들이 부실해진다. 쌓인 부실은 한 번은 처리하고 넘어가야 한다. 2017년 전후 중국 경제는 구조조정을 하고 그 이후 경제 성장률은 5%대로 떨어질 가능성이 높다.

한국 내부적으로 보아도 역동적이지 못하다. 가계는 높은 부채에 시달리고 있으며, 부동산 가격의 추세적 하락은 소비 심리를 더욱 위축시키고 있다. 그렇다고 돈 많은 기업이 투자를 과감히 늘리지도 않을 것이다. 미래가 불확실하기 때문이다.

잠재 능력 수준으로 성장하려면 총수요 부양해야

이런 요인을 고려했을 때 앞으로 5년 동안 한국 경제 성장률은 연평균 2.8% 정도일 것으로 전망된다. 국회예산정책처가 추정한 것처럼 잠재 성장률이 3.5%라면, 앞으로 5년 동안에도 한국 경제는 매년 1% 가깝게 성장한다는 것이다. 디플레이션 압력이 그만큼 크다는 의미이다.

어떻게 하면 한국 경제가 잠재 능력을 따라 성장할 수 있게 할 것인가? 일반적으로 잠재 성장은 한 경제의 공급 능력을 나타낸다. 경제가 그 이하로 성장한다는 것은 수요가 그만큼 부족하다는 뜻이다.

총수요는 우리가 경제학 교과서에서 자주 보았던 'Y = C+I+G+X−M'로 표현된다. 가계가 소비 지출$_C$을 늘리거나 기업이 투자$_I$를 더 하면 경제 성장률이 올라간다. 정부가 재정 지출$_G$을 증가시켜도 총수요가 는다. 또한 수출$_X$이 증가하거나 수입$_M$이 상대적으로 감소해도 경제 성장률은 올라간다.

　수요를 구성하는 각 부문 중 몇 개가 늘어야 한국 경제가 잠재 성장을 따라 성장할 수 있다. 이 중에서도 단기적으로는 정부의 역할이 가장 중요하다.

　한국은행에서 발표하는 자금 순환표에 따르면 최근 개인 부문의 자금 잉여가 늘고 있다. 예를 들면 2013년에 개인 부문의 자금 잉여가 87조 원으로 2011년 55조 원에 비해 크게 늘었다. 반면에 자금 부족 주체인 기업들이 돈을 버는 데 그만큼 투자를 하지 않고 있기 때문에 기업 부문의 자금 부족 규모는 줄고 있다. 해외 부문에서 대규모의 경상수지 흑자로 돈이 들어오고 있다. 2013년 한 해 경상수지 흑자가 799억 달러로 규모로는 사상 최고치를 기록했다.

　개인과 해외 부문에서 자금 잉여가 늘고 기업 부문에서 자금 부족 규모가 줄어들고 있기 때문에 나머지 경제 주체인 정부가 돈을 써도 되는 셈이다. 적자 예산을 받아들일 시기이다. 문제는 돈을 얼마나 생산적인 데 쓰느냐이다.

　1990년대 일본이 이런 상황에 직면했다. 그때 일본 정부는 적자 예산을 편성하여 돈을 썼다. 그러나 효율성이 낮은 곳에 지출하면서 경제도 살려내지 못하고 정부만 부실해졌다. 한국 정부도 앞으로 수요를 부양하기 위해 국채를 발행하면서 돈을 쓸 것인데, 반드시 생산성을 고려해야 할 것이다.

　다음으로 대외 부문에서 국제수지가 안정적으로 흑자를 이루면 경제 성장률이 잠재 수준을 따라갈 수 있다. 우선은 수출이 늘어야 한다. 수출은 기본적으로 제품의 경쟁력이 결정한다. 그러나 환율도 수출에 큰 영향을 준다. 한국 경제가 구조적으로 저성장 국면에 접어든 만큼 저금리를 유지하면서 급격한 원화 가치 상승을 막을 필요가 있다.

더 중요한 것은 수입을 대체하는 일이다. 2013년 한 해 동안 대일 무역수지 적자가 254억 달러였다. 주로 소재 수입 때문이다. 내가 대학원에 재학 중이었던 1980년대 초반에도 정책 당국이 대일 무역 역조를 개선하기 위해 소재산업을 육성해야 한다고 했는데, 아직도 진행형이다. 2014년 대일 무역수지 적자를 10% 줄일 수 있다면 경제 성장률을 0.3%포인트 올릴 수 있다. 소재산업 육성이 그렇게 시간이 걸린다면 일본 기업을 직접 유치하는 것도 하나의 방법이다.

박정희와 전두환 정부 때 한국 경제는 연평균 10%라는 높은 경제 성장을 달성했다. 그러나 1997년 IMF 경제위기를 겪으면서 김대중 정부 때는 경제 성장률이 5%로 떨어졌고, 이명박 정부 5년 동안에는 글로벌 금융위기가 진행되는 가운데 3.2% 성장한 데 그쳤다. 경제 규모가 커질수록 경제 성장률이 낮아지는 것은 당연하다. 그러나 그 하락 속도가 너무 빠른 것이 문제다.

중장기적으로는 총요소 생산성 증대로 잠재 생산 능력을 높여야 한다. 그러나 최근 몇 년 동안 수요 부족으로 한국 경제가 능력 이하로 성장하고 있다. 정부의 적극적인 수요 창출 정책이 아쉬운 시점이다. 정권이 바뀔 때마다 계단식으로 떨어지기만 했던 경제 성장률을 박근혜 정부가 역사상 처음으로 올릴 수 있을지 귀추가 주목된다.

한국은행 자금 순환표
국민 경제 내에서 발생한 금융 거래(자금 흐름)가 정부, 기업, 가계 등 경제 주체 상호 간에 어떠한 관계를 가지고 있는지를 체계적으로 정리한 통계로서 경제 주체들의 자금 조달 및 운용 패턴 등 금융 행태 분석에 유용하다.

1인당 국민소득
4만 달러 시대?

　　　　　　박근혜 대통령은 2014년 신년 기자회견에서 "경제혁신 3개년 계획이 차질 없이 추진되면 3년 후 한국 경제는 잠재 성장률이 4% 수준으로 높아지고, 1인당 국민소득은 4만 달러 시대를 바라보게 될 것"이라고 비전을 제시했다. 그런데 현실적으로 보았을 때 '4만 달러'보다는 '3만 달러' 시대가 먼저다. 그렇다면 과연 1인당 국민소득 3만 달러는 어떤 조건이 충족되었을 때 실현 가능할까?

1인당 국민소득, 1만·2만 달러 돌파 후 진통

한국의 1인당 국민소득은 1970년에 255달러였다. 국민소득은 1980년대 들어 높은 경제 성장과 더불어 빠른 속도로 증가했다. 1980년에 1660달러였던 1인당 국민소득이 1990년에는 6303달러에 이르렀고, 드디어 1995년에는 1만 1735달러로 1만 달러 선을 돌파했다. 이런 소득 증가와 함께 1996년에는 당시 세계적 조류였던 신자유주의를 따라 한국은 자본시장을 대폭 개방하고 경제협력개발기구에 가입하였다. 그러나 그다음 해인 1997년에 기업과 금융회사들의 부실이 누적되면서 IMF 체제하에서 경제위기를 겪었다. 1998년에는 경제가 마이너스 −5.7% 성장한 데다가, 원/달러 환율이 큰 폭으로 상승(1996년 연평균 805원에서 1998년에는 1399원으로 상승)하면서 1인당 국민소득이 7607달러가 되어 1992년 수준으로 후퇴했다.

IMF 경제위기를 겪는 동안 한국의 은행, 기업 등 각 경제 주체는 뼈아픈 구조조정을 했다. 그 결과, 한국 경제는 다시 성장세로 돌아섰고 2006년에는 1인당 국민소득이 2만 823달러로 2만 달러를 넘어서면서 선진국 대열에 합류하고 있다. 일본이 1987년에 1인당 국민소득 2만 달러를 돌파했는데, 한국은 그보다 20년 정도 뒤졌다. 그러나 2만 달러를 돌파한 다음 해에 미국에서 시작된 글로벌 금융위기를 겪으면서 경제 성장률이 크게 떨어지고 원화 가치가 하락하면서 2009년에는 1인당 국민소득이 1만 8303달러로 추락하는 경험을 했다. 국민소득 1만·2만 달러가 특별한 의미를 갖지는 않지만, 이 경계선을 돌파한 후에 한국이 경제위기를 겪은 것만큼은 분명한 사실이다.

2015년 3만 달러 예상

2013년 1인당 국민소득이 2만 6205달러로 상승했다. 이제 '3만 고지'가 멀지 않았는데 빠르면 2015년에는 3만 달러 시대에 이를 것으로 전망된다.

우선 일본과 미국의 사례를 살펴보자. 일본은 1992년에 1인당 국민소득 3만 달러(3만 1235달러) 시대를 열었다. 1987년에 2만 달러를 돌파 후 5년 만에 한 단계 도약한 것이다. 1990년대 들어 일본의

한·미·일 1인당 국민소득 비교

		1만 달러	2만 달러	3만 달러
한국	달성 연도	1995	2006	2015(?)
	KOSPI	934.9	1352.2	-
	원/달러 환율	771.0	955.5	-
일본	달성 연도	1981	1987	1992
	닛케이225	7518.6	23232.1	18109.1
	엔/달러 환율	220.63	144.60	126.78
미국	달성 연도	1978	1988	1997
	S&P500	96.1	265.9	873.4

주: 주가 및 환율은 연평균
자료: 각국 중앙은행, KRX

거품 경제가 붕괴되기 시작했지만, 엔화 가치의 상승이 일본의 달러 표시 1인당 국민소득 증가에 상당 부분 기여했다. 1987년 145엔이었던 엔/달러 환율이 1992년에는 127엔으로 하락했다. 그 이후 1995년에는 엔/달러 환율이 94엔으로 떨어지면서 3년 만에 1인당 국민소득이 4만 달러를 넘어서는 기염을 토했다.

반면 미국의 경우는 일본보다 5년 늦은 1997년에 1인당 국민소득이 3만 달러를 넘어섰다. 2만 달러에서 3만 달러에 이르는 기간도 9년으로 일본보다 4년 더 길었다.

1인당 국민소득을 전망하려면 우선 경제 성장과 환율 예상이 전제되어야 한다. 2014~2017년 한국 경제는 연평균 2.8% 성장할 것으로 예상하였다. 내가 이처럼 경제를 보수적으로 전망하는 이유는 한국 경제의 잠재 성장률이 이미 3% 이하로 떨어졌다고 보기 때문이다(앞에서 살펴본 것처럼 국회예산정책처는 잠재 성장률을 3.5%로 추정했다). 앞으로 5년 동안 노동은 경제 성장에 거의 기여하지 못할 것이며, 이미 자본 축적이 많이 된 상태이기 때문에 자본이 큰 폭 증가하면서 경제 성장을 주도하기도 어렵다. 나머지 총요소 생산성이 잠재 성장 능력 향상 여부를 결정할 것인데, 이 역시 단기간에 크게 개선될 가능성은 낮다.

1인당 국민소득의 또 다른 결정 요인은 환율이다. 앞으로 5년 동안 원화 가치가 지속적으로 상승하면서 달러 기준으로 표시되는 국민소득을 올릴 가능성이 높다. 원화 가치가 상승할 것으로 보는 이유는 한국의 구조적 경상수지 흑자에 기인한다. 2013년에는 경상수지가 799억 달러 흑자를 내면서 사상 최고치를 기록했다.

경상수지가 이처럼 흑자를 내는 것은 국내 총투자율보다 저축률이 높기 때문이다. 1997년 IMF 경제위기를 겪으면서 한국 기업들이 구조조정을 하고 이익은 더 냈으나 투자는 상대적으로 줄였다. 이에 따라 투자율이 크게 하락하면서 경상수지 흑자가 지속되고 있다. 앞으로 5년 정도도 기업이 투자를 늘려서 투자율이 저축률을 웃돌 상황이 전개되지는 않을 것이다. 한국 경제가 구조적으로 저성장 국면에 접어들고 있기 때문에 기업의 투자에 대한 기대 수익률도 그만큼 낮아졌다. 경상수지 흑자가 지속되는 한 원/달러 환율이 떨어질 가능성이 높은 것이다. 단지 그 속도가 문제이다.

여기서는 2013년 1095원이었던 원/달러 환율(연평균)이 2016년에는 964원으로 하락할 것으로 내다보았다. 우리가 국민소득 2만 달러 시대를 처음으로 맞이했던 2006년에 원/달러 환율이 956원이었던 것을 고려하면 3만 달러 시대 환율 960원은 지나친 것이 아니다.

경제가 이처럼 성장하고 원화 가치가 상승한다면 2015년에 1인당 국민소득이 3만 달러를 넘어설 수 있다. 물론 국민소득은 경제 성장률보다는 원화 환율 변동에 더 큰 영향을 받을 것이다. 만약 환율이 전망보다 더 빠르게 떨어진다면 1인당 국민소득 3만 달러 시대는 더 빨리 올 수 있고, 환율 하락 속도가 느리거나 상승한다면 2017년에도 3만 달러 시대는 오지 않을 것이다. 그만큼 앞으로 환율이 달러

1인당 국민소득 전망: 2015년 3만 달러 예상

	2012	2013	2014	2015	2016	2017
경상 GDP (실질 GDP)	3.4 (2.3)	3.8 (3.0)	4.6 (3.6)	4.7 (3.4)	3.4 (2.4)	2.5 (1.6)
원/달러 환율	1127	1095	1043	1003	964	1015
1인당 국민소득	24,696	26,205	28,373	30,664	32,858	31,918

주: 2013년 이후는 저자 추정 및 전망치

기준으로 국민소득을 결정하는 데 중요하다는 의미이다. 일본이 국민소득 2만 달러에서 3만 달러를 5년 만에 달성할 수 있었던 이유 중 하나는 엔화 가치가 12% 상승한 것임을 보아도 이 사실을 잘 알 수 있다.

1인당 국민소득 3만 달러, 주가 3000포인트 시대?

2015년에 한국의 1인당 국민소득이 3만 달러에 이를 것으로 내다보았는데, 전제 조건으로 내세운 경제 성장률이나 환율 전망이 낙관적인 것은 아니다. 1인당 국민소득 3만 달러 시대에는 주가지수(KOSPI 기준)도 3000을 넘어설 것인가?

한국 주가지수는 1994년 말에 일시적으로 1000을 돌파했고, 그다음 해인 1995년에 1인당 국민소득 1만 달러 시대에 도달했다. 그리고 국민소득이 2만 달러를 넘었던 2007년에 주가지수도 2000을 넘었다. 이런 측면에서 보면 1인당 국민소득 3만 달러가 정착될 2015년 전후에 주가지수 3000 시대를 기대해볼 수 있다.

주가와 국민소득과의 관계를 보기 위해 회귀방정식으로 추정해보면, 1인당 국민소득이 1% 증가했을 때 주가는 1.34% 오르는 것으로 나타났다. 2016년 1인당 국민소득이 3만 2858달러가 된다면, 그해 평균 주가지수는 2716 정도가 된다. 이 경우라면 2016년 무렵에 주가가 일시적일지라도 3000까지 오를 가능성이 있다는 것이다.

그러나 이 분석은 어디까지나 주가와 국민소득의 관계 패턴이 과거처럼 미래에도 이어진다는 조건에서 의미가 있는 것이다. 미국의 경우에는 1인당 국민소득이 2만 달러에서 3만 달러로 가는 사이에 주가지수(S&P500)가 229%나 상승했다. 국민소득 증가보다는 주가가 4배 이상 오른 것이다. 일본의 경우는 1인당 국민소득 2만 달러를 달성했던 1987년에서 1990년에 주가(닛케이225)가 108% 상승했으나, 그 이후 거품이 붕괴되면서 국민소득 3만 달러 시대를 열었던 1992년에는 주가가 1987년보다 오히려 22%나 떨어졌다. 국민소득이 늘어도 주가가 오르지 못할 수 있다는 사례를 보여준 것이다.

앞으로 한국 주가가 미국처럼 국민소득과 비례하면서 상승할 것인가 아니면 일본처럼 국민소득은 증가하는 데 주가는 하락할 것인가? 이에

주: 2013년 이후는 저자 추정 및 전망치
자료: 한국은행, 한국증권거래소

대한 답을 지금 내리기는 쉽지 않다. 그러나 한국 주식시장의 주변 환경은 결코 낙관적이지만은 않다. 한국의 노령화 진전 속도는 일본보다 더 빠르다. 사람들이 젊어야 집을 사고 주식도 산다. 경제 성장률이 일본처럼 급속하게 하락하고 있는 것은 아니지만 같은 방향으로 가고 있다. 일본의 연평균 경제 성장률이 1980년대 4.5%였으나 1990년대는 1.5%였고, 그 이후는 0.6% 정도에서 머물고 있다. 한국도 이제 2%대 성장 국면에 접어들고 있다.

2008년에 주식시장에서 큰 고통을 겪었던 한국 개인들이 주식투자를 점차 멀리하고 있다. 2007년 한국 개인의 금융자산 중 주식 비중이

21.4%였으나, 2013년에는 16.7%로 낮아졌다. 일본 개인들의 금융자산 중 주식 비중이 2013년 현재 9% 정도인 것과 비교해보면 우리가 결코 낮은 수준이 아니다. 은행과 보험회사 등 기관 투자가도 안정성을 추구하면서 주식보다는 국채를 더 사고 있다.

1인당 국민소득 3만 달러와 주가 3000 시대가 온다면 그것은 국민연금과 외국인 매수의 영향을 크게 받았기 때문일 것이다. 하지만 거기다가 큰 기대를 걸기에는 불확실성이 너무 커 보인다.

04

공공 부문의 부실이
경제위기 초래

　국회예산정책처 홈페이지에 들어가면 '국가채무시계'를 볼 수 있다. 이 시계는 우리나라 국가 채무를 초 단위로 표시하고 있다. 국회예산정책처에서 왜 이런 수치를 보여 주는 것일까? 공공 부문 부채가 점차 심각해지고 있기 때문이다.

　현오석 경제 부총리도 2013년 9월 2일 개최된 '재정 관리 협의회'에서 "성장률 둔화 등에 따라 중장기 재정 여건이 어려워지는 가운데 지방 재정의 악화, 공기업 부채 증가 등 각종 재정 요인을 고려하면 공공 부문 전체 재정의 지속 가능성을 낙관하기는 어렵다"라고 말했다. 그만큼 국가와 공기업의 부채가 심각해지고 있다는 의미로 받아들일 수 있다. 1997년 기업과 은행의 부실로 한국은 '외환위기'

4장. 3년 후 한국, 위기는 그림자처럼 다가온다 | **137**

를 겪었는데, 정부와 공기업의 부채가 계속 늘어난다면 앞으로 몇 년 안에 또 다른 경제위기를 겪을 수 있다.

정부와 공기업 부채 1000조 원 넘어

2013년 관리 재정수지 적자가 21.1조 원으로 나타났는데, 2012년 17.4조 원보다 크게 증가한 수치이다. 국내총생산에 재정 적자가 차지하는 비중이 2012년 1.3%에서 2013년 1.5%로 증가했다.

한국의 재정수지 적자는 만성적이고 앞으로 더 확대될 수 있다. 우선 잠재 성장률 하락에 따라 재정 수입 증가세가 둔화될 수밖에 없다. 한국 경제는 그동안 자본과 노동 증가로 높은 성장을 했으나, 이제 한계에 도달하고 있다. 총요소 생산성 증가로 경제 성장률을 높일 수 있으나, 이것은 단기에 해결될 문제가 아니다. 2012년 6월 국회예산정책처는 한국의 장기 재정 전망을 하면서 2016년에서 2020년 사이에 한국 경제가 연평균 3.4%(실질 GDP 기준) 성장할 것으로 전망했다. 지난 5년 동안 한국 경제가 연평균 2.9% 성장한 것을 보면, 이 전망치는 낙관적이다. 내가 추정하기에 한국의 잠재 성장률은 이미 3% 안팎으로 떨어졌다. 낮은 경제 성장으로 갈수록 세수가 늘기 어렵다는 뜻이다. 2013년 한 해도 정부가 예상한 것보다 세수가 8.5조 원이 덜 걷혔다. 정부가 경제 성장률을 4%로 잡고 세수 계획을 세웠는데 실제 성장률은 2.8%로 떨어졌기 때문이다.

반면에 재정 지출 수요는 더 늘고 있다. 통계청의 인구 추계에 따르면 한국은 2017년에 65세 이상 인구가 전체 인구의 14%를 넘어서는 고령 사회에 도달한다. 나아가 2026년에는 65세 이상 인구가 21%에 이르러 초고령 사회에 진입하게 된다. 또한 2016년부터는 생산 가능 연령 인구(15~64세)가 줄어들 전망이다. 세금을 낼 사람은 줄어들고 정부로부터 돈을 받아야 할 사람들은 늘어난다는 얘기이다. 여기다가 국민기초생활보장급여 등 사회복지 수요는 꾸준히 늘고 있다.

지난 25년(1988~2012년) 동안 관리 재정수지가 흑자를 기록한 해는 4년뿐이었다. 앞서 살펴본 것처럼 해가 갈수록 재정 지출 수요는 더 늘어나고 수입은 이에 따르지 못할 것이기 때문에 앞으로는 '흑자' 해를 보기가 더 어려울 것이다.

재정 적자를 메우기 위해서 정부는 국채를 발행해야 한다. 2000년 국고채 발행 잔액이 43조 원이었으나, 2013년 말에는 401조 원으로 9배나 증가했다. 이런 속도로 늘어나면 박근혜 정부 마지막 해인 2017년에는 국고채 발행 잔액이 600조 원에 이를 가능성이 높다.

재정 적자를 조달하기 위한 국고채 발행은 국가 채무 증가로 이어진다. 2013년 말 현재 한국의 국가 채무는 483조 원으로 경상 GDP의 33.8%이다. OECD 국가의 채무가 평균 108.8%(2012년)임을 고려하면 아직 한국은 양호한 상태이다. 그러나 문제는 앞으로 한국 채무가 다른 국가보다 훨씬 빠른 속도로 증가할 가능성이 높다는 데

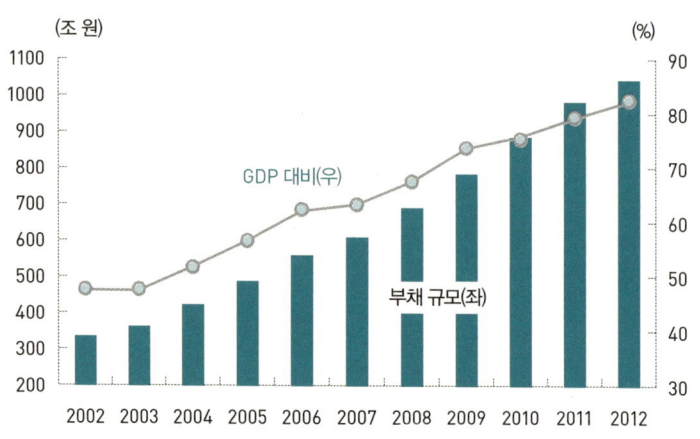

있다. 국회예산정책처는 한국의 국가 채무가 2021년에는 GDP의 40%를 넘어서고, 2060년에는 지금의 일본과 비슷한 219%에 이를 것으로 전망하고 있다. 2016~2020년 연평균 경상 GDP 성장률을 5.9%로 전제한 것인데, 지난 5년(2008~2012년) 동안 경상 GDP가 연평균 5.5% 증가한 것과 비교해보면 이는 낙관적 전망이다. 앞으로 5년 동안 경상 GDP가 3.6% 정도 증가할 가능성이 높은데, 이 경우 2017년 국가 채무는 GDP의 40%에 이르게 된다.

정부 채무가 늘어나는 것도 문제지만 공기업 부채는 한국 경제에 더 나쁜 영향을 줄 수 있다. 한국은행의 자금 순환표 통계에 따르면 2012년 말 한국 공기업의 부채는 582조 원으로 2002년 203조 원에 비해 3배 정도 증가했다. 공기업의 부채가 GDP에서 차지하는 비중도 같은 기간 28%에서 46%로 증가했다. 특히 공기업 부채는 이명박 정부에서 243조 원이나 늘었다. 이는 현재 공기업 부채 중에서 42%를 차지할 정도로 높은 금액이다.

기업별로 부채를 보면 2012년 현재 한국토지주택공사가 138조 원으로 가장 많고, 한국전력공사(95조), 한국가스공사(32조), 한국도로공사(25조) 순서로 부채가 높다. 환경·에너지·지속 가능 경영 전문 컨설팅 기관인 'SR코리아'의 분석에 따르면 매출액 대비 부채 비율로는 여수광양항만공사가 1183%로 가장 높았고, 한국광물자원공사가 838%로 그 뒤를 이었다. 또한 한국토지주택공사(752%)와 대한석탄공사(770%)도 매우 높은 수준의 부채를 갖고 있다. SR코리아는 매출액 대비 부채 비율이 높은 이들 공기업의 경우, 당기 순이익이 매출액의 10%라고 가정해도 총부채를 상환하는 데 길게는 118년에서 짧게는 77년이 소요된다고 분석했다. 그만큼 공기업 경영이 부실하다고 지적한 것이다. 이와 더불어 SR코리아는 공기업의 부채 규모, 연도별 부채 증감 정도, 매출액 대비 부채 비율로 부채 위험 지수(Debt Risk Index)를 작성했는데, 공기업 중에서 규모가 큰 한국토지주택공사, 한국전력공사 등이 상대적으로 더 위험한 것으로 나타났다.

정부와 공기업의 부채를 합하면 2012년 말 현재 1052조 원으로 GDP의 83%이다. 여기다가 민간 기업(3152조 원, GDP의 248%)과 개인

(1159조 원, GDP의 91%)의 부채를 고려하면 '부채 공화국'이라는 표현도 지나치지는 않을 것이다.

공공 부문 부채 심화는 경제위기 초래

1997년 우리는 IMF 관리 체제하에서 외환위기를 겪었다. 이때 외환위기를 초래한 경제 주체는 주로 기업이었다. 일부 대기업들이 문어발식 확장 경영을 하면서 과잉 투자로 부실해졌다. 기업의 부실은 그들에게 돈을 빌려준 은행의 부실로 이어졌다. 기업의 과잉 투자로 국내 총투자율이 국내 저축률을 넘어서면서 경상수지 적자가 지속적으로 확대되었다. 이와 더불어 1996년에 OECD에 가입하면서 한국은 자본시장을 대폭 개방했는데, 이에 따라 해외 자본이 한국에 대규모로 유입되고 원화 가치가 고평가되면서 경상수지 적자를 확대시켰다. 외환위기를 극복하는 과정에서 한국 기업과 은행도 뼈아픈 구조조정을 해야 했지만, 기업과 은행의 부실을 공적 자금 투입 형태로 정부와 가계가 떠 앉았다.

과거 여러 차례 있었던 외환위기 사례를 보면 재정 적자 확대가 외환위기를 초래한 경우도 있었다. 국민소득 결정식(소비+투자+정부 지출+수출=소비+저축+정부 수입+수입)에서 볼 수 있는 것처럼 저축과 투자가 일치한다면 정부 지출이 수입보다 클 때 수입이 수출보다 더 많아져 경상수지가 적자를 내게 된다. 이 경우 자본수지 흑자가 경상수지 적자를 충분히 보충하지 못한다면, 그 나라는 외환위기를 겪게 된다.

앞에서 살펴본 것처럼 국가와 공기업의 부채가 지탱할 수 없을 정도로 늘어난다면 무디스Moodys와 스탠더드 앤드 푸어스S&P와 같은 신용평가회사들이 한국의 국가신용등급을 낮출 수 있다. 국가신용등급이 강등되면 공기업의 신용등급도 같이 강등된다. 스탠더드 앤드 푸어스는 정부의 지원이 없을 경우를 가정하여 공기업의 신용등급을 평가하는데, 한국 공기업의 대부분이 이미 투기 등급을 받고 있다.

국가와 공기업의 신용등급이 강등되면 자본이 일시에 유출될 가능성이 높다. 특히 현재 외국인 채권 보유 비중 중 12%를 차지하고 있는 중국 자금이 2017년에는 20% 이상으로 올라갈 전망인데, 중국 경제의 구조조정 시기와 맞물려 이 돈들이 빠져나갈 가능성이 높다.

1997년 외환위기 때는 기업과 은행의 부실을 정부와 가계가 부담

주요 공기업의 신용등급								
	토지주택공사(LH)	한전	가스공사	도로공사	한국수력원자력	석유공사	철도공사	수자원공사
신용등급	A+ (5위)	A+	A+	A+	A+	A+	A (6위)	A+
독자신용등급	B+ (14위)	BBB- (10위)	BB+ (11위)	BBB-	BBB-	BB (12위)	B+	BB- (13위)

주: 1) S&P의 신용등급 기준
    2) 독자 신용등급은 정부의 지원이 없을 것이라고 가정하고 산출한 신용등급
    3) 괄호는 21개 등급 중 순위, 11위 이하는 투기 등급
자료: 조세정책연구원(《조선일보》(2013. 10. 12.)에서 재인용)

했는데, 정부와 공기업이 부실해져서 위기가 발생한다면 그 부실을 어떤 경제 주체가 떠 앉겠는가? 우선은 은행일 것이고, 그다음은 한국은행이 돈을 찍어 정부 부실을 막아줄 것이다. 최종적으로는 지금도 부실한 가계가 1997년 위기 때보다도 더 심한 고통을 겪을 수밖에 없다. 공공 부문의 선제적 구조조정이 절실한 시기이다. 그래서 박근혜 대통령까지 나서서 공기업의 정상화를 촉구하는 상황이 펼쳐지고 있다.

5장

어떻게
위기에 맞설 것인가?

한국은행,
디플레이션 파이터가 되라

2013년 소비자물가가 1.3% 오르는 데 그쳐 한국은행이 목표하는 2.5~3.5%보다 크게 못 미쳤다. 이런 물가 안정은 일시적인가 아니면 디플레이션을 예고하는 것인가? 국내외 여러 가지 경제 여건을 고려하면 한국 경제가 디플레이션을 겪을 가능성이 높다. 정책 당국의 적극적 대응이 필요한 시점이다.

디플레이션 가능성 높아져

앞에서 말했듯이 일반적으로 인플레이션은 물가가 지속적으로 상승하는 현상을 의미한다. 디스인플레이션은 물가 상승률이 낮아지는 경우이고, 디플레이션은 물가 수준 자체가 하락하는 상황이다. 한국은 디스인플레이션이나 디플레이션을 겪을 확률이 높다.

우선 해외 여건을 살펴보자. 세계 경제의 1/4 정도를 차지하고 있는 미국 경제에 디플레이션 압력이 높다. 2008년 금융위기를 겪으면서 미국 국내총생산이 한 단계 떨어졌다. 최근 미 연방준비제도이사회에서 나온 보고서는 금융위기 바로 직전인 2007년 궤적을 따라 미국 경제가 성장한다고 가정하면 2013년 4분기 현재 실질 GDP는 잠재 GDP보다 약 7% 낮은 것으로 추정하고 있다. 이만큼 총공급이 총수요를 초과하고 디플레이션 압력이 존재한다는 의미이다.

이에 따라 미국은 2007~2008년에 연방기금금리를 5.25%에서 0~0.25%로 내리고, 이도 모자라 세 차례에 걸쳐 달러를 대규모로 찍어냈다. 그럼에도 불구하고 미국 소비자물가는 2% 이하에서 안정되고 있다. 미국 경제가 잠재 능력 이하로 성장하면서 디플레이션 압력이 존재하고 돈이 돌지 않기 때문이다. 금융위기 이전에 8배 정도였던 통화승수(=M2/본원통화)가 2013년에는 3배 정도로 크게 낮아졌다.

실질 GDP가 잠재 수준 이하에서 성장한다는 것은 그만큼 수요가 부족하다는 뜻이다. 수요는 크게 내수(소비, 투자, 정부 지출)와 수출로 구성된다. 2008년 금융위기를 겪으면서 부실해진 가계가 소비를 줄이자 경제가 마이너스 성장했고, 이에 따라 정부가 지출을 늘리면서 대응했다. 정부 지출 확대로 경기는 어느 정도 회복되었지만,

문제는 이제 정부가 부실해졌다는 것이다. 연방정부 부채가 2013년 4분기 현재 17조 3520억 달러로 부채 한도를 넘어섰고 명목 GDP 대비로도 102%에 이르렀다. 앞으로 정부가 지출을 늘려 총수요를 부양하기 쉽지 않게 되었다. 그렇다고 민간 부문에서 소비와 투자가 크게 늘어 디플레이션 압력을 해소할 정도는 아니다. 2009년 2분기에 민간 부문의 부채가 GDP의 235%로 사상 최고치를 기록한 후, 2013년 4분기에는 194%로 줄었다. 그러나 아직도 가계와 기업이 디레버리징 과정에 있기 때문에 민간 부문의 수요 역시 크게 늘어날 가능성은 낮다.

재정 정책이 이미 한계에 도달했고, 민간 부문도 디레버리징 과정에 있기 때문에 통화 정책에 의존할 수밖에 없다. 그래서 그동안 세 차례에 걸쳐 양적 완화라는 명목으로 대규모의 본원통화를 공급했고 앞으로도 돈을 더 풀 수밖에 없다. 2014년 들어 통화 정책의 정상화 과정에서 양적 완화 규모를 줄이고는 있지만, 통화 공급은 계속 늘어나고 있다.

미국은 돈을 풀어 중국에 디플레이션을 수출하고 있다. 미국이 통화 정책을 적극적으로 운용하자 유로 중앙은행도 장기 대출 프로그램을 통해 돈을 풀고, 2013년 11월에는 기준 금리를 0.50%에서 0.25%로 인하했다. 일본도 소비자물가 상승률이 2%에 이를 때까지 무한정 돈을 찍어내기로 했다. 2013년 일본의 본원통화가 2012년에 비해서 47%나 늘었을 정도다. 그러나 중국은 부동산 가격이 급등하고 소비자물가 상승률이 3%에 이를 정도로 불안정하기 때문에 돈을 풀어서 대응할 수 없는 상황이다. 그래서 달러에 비해서 위안화 가치는 지속적으로 상승하고 있다. 미국이 돈을 찍어내 중국에 디플레이션을 수출하고 있는 셈이다.

한국은 환율을 통해 디플레이션을 수입해야 할 상황이다. 한국 수출에서 중국이 차지하는 비중이 2013년 현재 26%로 미국(11%)보다 2배 이상 높다. 중국에 대한 수출 의존도가 커지고 있는 만큼 한국 원화 가치도 위안화와 연동되어 움직일 가능성이 높다. 원화는 위안화와 더불어 지속적으로 강세를 보일 것이다.

미 달러에 비해서도 원화 가치는 오를 가능성이 높다. 환율을 결정하는 여러 가지 요인 가운데 실질 금리가 가장 중요한 역할을 한다. 최근 한국의 명목 금리는 큰 변동이 없으나 소비자물가 상승률이 떨어지면서 실질 금리가 상승하고 있다. 이에 따라 한미 실질 금리 차이가 다시 확대되고 원화 가치 상승 요인으로 작용하고 있는 것이다. 한편 일본의 적극적 통화 정책으로 일본의 물가가 오르는 가운데 일본의 실질 금리가 하락하고 있다. 이에 따라 일본과 미국의 실질 금리 차이는 축소되고 있는데, 이는 엔화 가치 하락 요인이다. 원화 가치가 달러나 엔에 비해서 오를 가능성이 높다는 것이다.

한국은행의 적극적 통화 정책 운용 필요

한국 경제도 미국과 마찬가지로 2008년 글로벌 금융위기 이후 실질 GDP가 잠재 수준 아래서 성장하고 있다. 국회예산정책처는 2013년부터 2017년까지 5년 동안 한국의 잠재 성장률을 3.5%로 추정하고 있다. 2008년 경제위기를 겪으면서 GDP가 잠재 수준 아래로 떨어졌다. 앞으로 총수요 부족이 노동이나 자본 스톡 감소를 통해 총공급에 영향을 주면서 잠재 성장률도 떨어질 것이다. 그럼에도 한국 경제가 앞으로 5% 이상 성장하지 않는 한, 실질 GDP가 잠재 GDP 아래 머물면서 디플레이션 압력이 계속 존재할 것이다.

소비와 투자 등 내수가 늘어나서 디플레이션 압력이 단기간에 해소될 가능성은 낮다. 한국 가계의 부채가 이미 높은 상태에 있고 저축률이 낮기 때문에 가계 소비가 증가해서 경제 성장을 주도할 가능성은 거의 없다. 또한 한국은행의 자금 순환표에 따르면 2013년 말 현재 한국 기업이 504조 원에 이르는 현금성 자산을 보유하고 있으나, 투자할 데가 많지 않기 때문에 설비 투자도 크게 늘지 않을 것이다. 여기다가 미국의 확장적 통화 정책으로 원화 가치마저 상승하면 한국의 디플레이션 압력은 더 커진다. 1990년대 이후 일본식 디플레이션을 겪지 않으리라는 보장은 없다.

그런 상황에 빠지지 않기 위해 한국은행이 통화 정책을 더 신축적으로 운용해야 할 것이다. 기준 금리를 인하하든지 본원통화를 확대하는 게 바람직하다. 다음 그림에서 보는 것처럼 2008년 글로벌 금융위기를 겪는 과정에서 미국은 대규모로 본원통화를 늘렸다. 2013년 미국의 본원통화가 2012년 말에 비해서 39%나 증가했다. 한편 일본 중앙은행은 2013년 1월에 소비자물가가 2% 상승할 때까지 무한정 통화 공급을 늘리기로 했고 실제로 실행에 옮기고 있다. 2013년 한 해 일본의 본원통화가 47% 늘었다. 한국의 본원통화는 아주 느리게 증가하고 있다. 2013년에 10% 증가하는 데 그쳐 일본이나 미국과 비교할 정도가 아니다.

본원통화를 늘리면 물가가 불안해질까? 그 가능성은 매우 낮다. 국회예산정책처가 추정한 것처럼 한국의 잠재 성장률이 3.5%라면 당분간 실질 GDP가 잠재 수준 아래에 있어 디플레이션 압력이 존재하기 때문이다. 또한 미국처럼 한국의 통화승수도 낮아지고 있다. 광의 통화(M2) 기준으로 볼 때, 2008년 이전에는 통화승수가 25배 안팎이었으나 최근에는 20배 정도로 떨어졌다. 앞으로 2~3년 정도는 돈을 풀어도 물가가 오를 가능성이 매우 낮아 보인다.

디플레이션은 인플레이션보다 더 나쁘다. 디플레이션이 발생하면 가계는 현금 등 유동성이 높은 자산을 선호한다. 일본 국민은 금리가 영(0)%에 가까운데도 물가 하락으로 실질 금리가 높기 때문에 돈을 은행에 맡기거나 국채를 산다. 이런 사례를 보아도 잘 알 수 있다. 물가가 계속 떨어질 것으로 기대하면 가계는 물건 사는 것을 뒤로 미루고, 그래서 디플레이션이 더 심화된다. 디플레이션은 채무자의 실

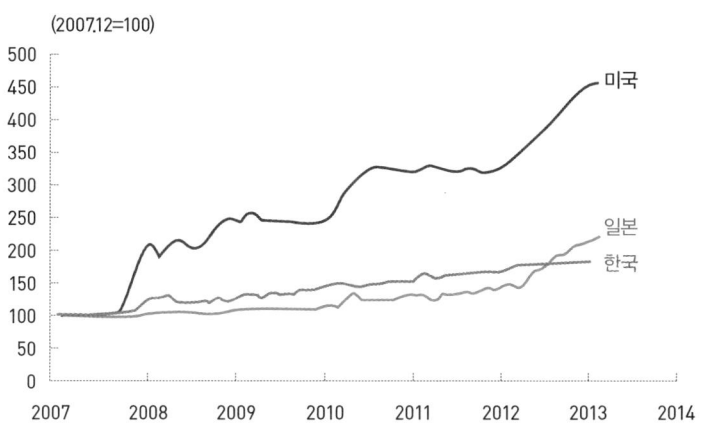

한·미·일 본원통화 증가 추이

자료: 한·미·일 중앙은행

질 부채를 증가시켜 심한 경우에는 이들을 파산시키고, 나아가서는 금융 시스템까지 부실하게 만든다. 주가 등 자산 가격도 디플레이션 시대에는 결코 오르지 못한다.

● **인플레이션은 짜증스러운 정도이지만, 실업률은 살인이다** ●

1977년 미 의회 연구에 따르면 실업률이 1% 올라갈 때마다, 다음과 같은 형상이 발생했다.

- 간경화 사망자 수 495명 증가

- 살인에 의한 사망자 수 628명 증가
- 자살자 수 920명 증가
- 수감자 수 3440명 증가
- 정신병원 입원자 수 4227명 증가
- 심장질환 사망자 수 20,240명 증가

— 마이클 굿윈, 『만화로 보는 경제학의 거의 모든 것』 중에서

위안화 거래소를 **설립하라**

영국의 《파이낸셜타임스》는 2014년 1월 7일 기사에서 중국 위안화가 앞으로 10년 안에 미국 달러화를 대신해 기축통화가 될 것이라고 전망했다. 한편 국내에서는 위안화 거래소 설립이 필요하다는 주장도 제기되고 있다. 글로벌 금융 환경 변화와 한국의 대중 교역 관계를 고려해보면 위안화 거래소 설립은 빠를수록 좋아 보인다. 여기다가 한국은행이 한국 기업들이 중국 수출로 벌어들인 위안화를 매입해주면 주가가 상승하고 경제 성장률도 높일 수 있다.

중국은 금융 강국과 위안화 국제화 추구

위안화 거래소 설립이 필요한 해외 요인부터 살펴보자. 우선 중국은 1978년 자본주의 시장경제에 들어온 이후, 제조 및 무역 대국을 목표로 설정했다. 이제 그 목표는 달성했다. 2013년 중국의 무역 규모(수출입 총액)가 4조 1603억 달러로 미국을 제치고 세계 무역 1위 국가로 올라섰다. 중국은 앞으로 금융 대국을 또 다른 목표로 내세우고 있다. 이와 더불어 위안화의 국제화를 추구하고 있다.

실제로 글로벌 경제 상황을 보면 서서히 그런 방향으로 진행되고 있다. 이미 세계 220여 개국이 위안화로 중국과 거래하고 있으며, 위안화는 국제 무역 금융시장에서 유로화를 제치고 두 번째로 많이 사용되는 통화가 되었다. 이런 위안화의 국제화 추이는 앞으로 더 빠르게 진행돼, 앞으로 5년 이내에는 글로벌 채권시장에서도 위안화가 달러와 유로화와 함께 3대 채권 발행 통화가 될 전망이다. 중국이 금융 대국과 위안화 국제화를 추진하는 과정에서 중국은 자본시장을 자유화할 수밖에 없을 것이며, 그 사이 국제 무역과 금융시장에서 위안화 사용은 더 늘어날 전망이다.

다음으로 'G2'인 미국과 중국의 관계 변화다. 1990년대 중반 이후 미국 경제는 정보통신 혁명으로 생산성이 증가하면서 고성장과 저물가를 동시에 달성했다. 일부에서는 이를 신경제라 표현하기도 했다. 이런 신경제를 믿고 미국 가계는 자기 소득에 덧붙여 은행에서 돈을 빌려 소비를 늘렸다. 중국 생산자들이 저임금을 바탕으로 물건을 싸게 만들어 미국 소비자들을 충족시켜 주었고, 중국은 수출에서 번 돈으로 미국 국채를 사주었다. 그래서 미국 금리는 더 낮아지고 집값이 급등하는 등 자산 가격 상승으로 미국 가계는 소비를 더 늘렸다. 그러나 이것이 가계를 부실하게 했고, 2008년 미국의 경제위기를 초래했다. 현재 그 치유 과정이 전개되고 있다.

외국인이 보유하는 미국 국채 중 중국이 차지하는 비중이 2001년에 8%였으나, 2010년에는 26%까지 올라갔다. 2008년부터는 중국이 일본을 제치고 미국 국채 최대 보유국으로 등장했다. 그러나 그 비중이 줄어들기 시작해 2013년에는 22%로 낮아졌다. 중국이 미국 국채를 상대적으로 덜 사고 있는 것이다.

한편 미국은 2008년 경제위기를 겪으면서 중국으로 디플레이션을 수출하고 있다. 미 의회 추정에 따르면 경제위기가 발생한 다음 해인 2009년에는 미국 국내총생산이 잠재 GDP보다 6% 정도 아래로 떨어졌다. 비농업 부문의 일자리도 2008년 2월에서 2010년 2월 사이에 871만 개나 사라졌다. 미국 경제에 디플레이션 압력이 심각하게 나타난 것이다. 그래서 미 연준은 연방기금금리를 5.25%에서 거의 0%로 인하하고, 세 차례에 걸쳐 양적 완화를 통해 3조 달러 정도의 본원통화를 늘렸다. 이에 따라 미국의 달러 가치가 하락하고 중국의 위안화 가치는 상승하고 있다. 미국이 돈을 풀어 디플레이션을 중국으로 수출하고 있는 것이다. 이 과정이 앞으로도 몇 년 더 진행되고 중국의 위안화 강세가 지속되면서 글로벌 무역과 금융시장에서 위안화 역할은 더욱 커질 것이다.

위안화 거래소 설립, 적극 대응 필요

한국과 중국과의 관계를 보면 위안화 거래소 시장 개설이 더 필요하다는 것을 알 수 있다. 2000년에 한국 수출에서 미국이 차지하는 비중은 22%로 교역 대상국 중 가장 높았다. 그러나 미국으로의 수출 비중은 2013년에는 11%로 낮아졌다. 반면에 중국 비중은 같은 기간에 11%에서 26%로 2배 이상 늘었다.

대중 수출 의존도가 심화되었을 뿐만 아니라, 한국 무역수지 흑자는 대부분 중국에서 나고 있다. 한국 무역수지 추이를 보면 2006년부터 중국 한 나라에서 나는 무역수지 흑자가 전체 흑자보다 많다. 예를 들면 2013년 대중 무역수지 흑자가 628억 달러로 전체 무역수지 흑자 441억 달러보다 훨씬 더 많았다. 한국의 무역 구조를 보면 중국 등 신흥시장에서 돈을 벌어 일본에서 소재를 수입하고 중동에서 원유를 도입하는 데 사용하고 있는 것이다.

중국의 영향력은 무역뿐만 아니라 금융시장에서도 점차 커지고 있다. 2013년 말 현재 중국은 한국 상장 채권을 12.5조 원 보유해 미국(20.1조 원), 룩셈부르크(15.3조 원) 다음으로 많이 가지고 있다. 외국인의 한국 채권 보유 비중을 보면 미국이 20% 안팎에서 정체되어 있는 반면, 중국 비중은 2010년 9%에서 2013년 13%로 높아졌다. 중국은 앞으로도 무역 흑자로 벌어들인 돈의 일부로 한국 국채를 사들일 것이다. 한국 수출에서 중국이 차지하는 비중이 2000년 11%에서 2013년에는 26%로 높아진 것처럼, 외국인 채권투자 중 중국 비중이 그와 비슷한 속도로 올라갈 가능성이 높다. 앞으로 5년 이내에 한국 채권시장에서 외국인 투자 중 중국 비중이 20%를 넘어 미국을 앞설 전망이다.

한국 수출의 대중 의존도가 높은 데다가 중국 자금이 한국 금융시장으로 들어오다 보니 한국의 원화 환율도 위안화 환율과 같은 방향으로 움직이고 있다. 2008~2013년 통계를 분석해보면 원화 환율은 엔화 환율(상관 계수 −0.03)보다 위안화 환율(0.25)과 더 비슷한 방향으로 움직이고 있다. 앞으로도 위안화와 더불어 원화도 미 달러에 비해 가치가 오를 가능성이 높다.

지금까지 살펴본 것처럼 글로벌 경제 환경은 위안화 사용 증가 쪽으로 변하고 있다. 이것이 위안화 거래소 설립이 필요한 이유이다. 한국이 중국으로 수출하면서 위안화를 받고 그 위안화를 위안화 거래소에서 거래하면 한국 경제에 어떠한 영향이 있을 것인가? 한국은 2013년 중국과의 교역에서 628억 달러의 무역 흑자를 냈다. 한국 기업이 중국에서 받은 달러를 시장에 내놓으니 원화 가치가 상승할 수밖에 없었다.

그러나 한국이 중국으로 수출하고 달러 대신 위안화를 받는다면 외환시장에 주는 영향은 전혀 다르게 나타난다. 예를 들어 위안화 거래소가 개설되고 그 시장에서 한국은행이 한국 기업들이 중국에서 벌어들인 위안화를 사준다고 가정하자. 그렇다면 본원통화가 증가하고 통화승수(M2 기준 20배 정도)만큼 시중 유동성도 늘어난다. 이 경우라면 현재 1%대 초반으로 목표치(2.5~3.5%)를 밑돌고 있는 소비자물가 상승률이 올라가면서 실질 금리는 떨어지게 된다. 실질 금리 하락은 원화 강세를 어느 정도 저지하고 한국 수출 제품의 가격 경쟁력을 상당 부분 유지시켜 줄 것이다.

또 다른 한편으로 한국은행의 위안화 매입으로 생긴 통화가 시중에 풀리면 자산 가격에도 긍정적 영향을 줄 것이다. 2013년 일본 주가 닛케이225가 57% 폭등했고, 미국 주가 S&P500도 30%나 상승했다. 그런데 한국 주가 KOSPI는 1% 오르는 데 그쳐 겨우 하락을 면했다. 주식시장에 이런 격차가 생긴 가장 큰 이유는 통화 정책의 차이에서 찾을 수 있을 것이다. 2013년 일본과 미국의 본원통화가 전년 말에 비해 각각 47%와 39%씩 늘었다. 그러나 한국의 본원통화는 10% 증가에 그쳤다.

미국의 경우 자산 가격의 거품 논쟁이 있지만, 양적 완화를 포함한 과감한 통화 정책이 주가와 집값을 올려 부의 효과를 통해 소비 증가를 유도했다. 이에 따라 경제 성장률이 높아지고 고용도 늘었다. 한국은행이 위안화를 사준다면 미국과 비슷한 경제적 효과를 얻을 수 있을 것이다. 한국은행의 위안화 매입은 원화 가치 상승을

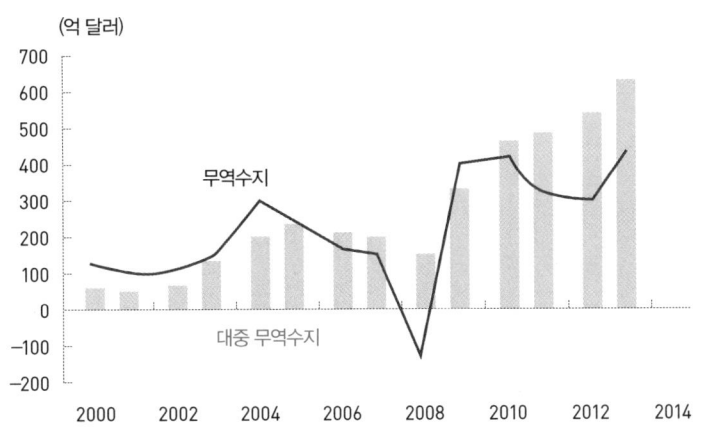

자료: 산업통상자원부

막아 수출 경쟁력을 유지할 뿐만 아니라, 내수도 부양하면서 현재 잠재 성장력 이하로 성장하고 있는 한국의 경제 성장률을 올릴 수 있다는 의미이다.

03

가계 소득을 늘려라

1997년 경제위기를 겪은 후, 기업은 상대적으로 부자가 되고 가계는 가난해졌다. (물론 미시적으로 보면 일부 대기업만 부자고 나머지 기업은 어렵다. 가계 내에서도 소득 격차가 더 심해지고 있다.) 그러나 앞으로 5년 동안 '경제 민주화'와 관련된 정책으로 국민소득 중에서 가계의 몫이 기업 소득에 비해서 상대적으로 늘 전망이다.

국민총소득 중 가계 소득 감소

우리가 생산활동을 통해 벌어들인 국민총소득GNI은 각 경제 주체에게 배분된다. 가계의 경우 노동과 자본 등 생산요소를 제공한 대가로 임금·이자와 배당금을 받는다. 또한 가계는 자영업을 하면서 소득을 확보한다. 기업은 경영과 자본 제공을 통해 영업이익·이자·배당금을 얻는다. 정부는 행정 서비스를 국민에게 제공하고 세금을 걷는다.

위와 같은 형태로 국민총소득은 가계·기업·정부에게 배분되는데 1997년 경제위기 이후 가계 몫은 줄어들고 기업 몫은 늘었다. 예를 들면 국민총소득에서 가계 소득이 차지하는 비중이 1996년 72.0%였으나 2012년에는 62.3%로 10%포인트 정도 떨어졌다. 반면에 기업 비중은 같은 기간 14.5%에서 23.3%로 크게 늘었다.

1997년 IMF 경제위기 이후 상대적으로 가난해지기 시작했던 가계는 2008년 미국에서 시작한 글로벌 금융위기를 겪으면서 더욱 빈곤해졌다. 1980년부터 1997년까지는 국민총소득에서 가계와 기업 소득 비중이 각각 72%와 15% 수준에서 안정적이었다. 그러나 1997년 경제위기 이후 10년 동안 가계 비중이 연평균 67%로 떨어졌고, 2008년 글로벌 금융위기 후에는 63%로 더 낮아졌다. 이와는 달리 기업 비중은 특히 2008년 이후 급격하게 증가했다. 2011년에는 국민총소득 중 기업 몫이 23.7%로 사상 최고치를 기록했다. 생산활동으로 생긴 소득을 기업이 더 많이 가져간 것이다.

두 차례 국내외 경제위기를 거치면서 왜 가계 소득은 상대적으로 줄고 기업 소득은 늘었을까? 가장 중요한 이유는 기업이 노동을 제공하면서 생산활동에 참여했던 가계에 임금을 덜 주었기 때문이다. 1997년 이전에는 임금 상승률이 기업의 영업이익 증가율보다 더 높았다. 예를 들면 1990~1997년 기업의 영업이익 증가율이 연평균 15.0%였으나, 임금 상승률은 그보다 높은 16.4%였다. 그러나 1997년 이후는 상황이 역전되었다. 1998년에서 2007년까지 기업의 영업이익이 연평균 9.9% 증가했으나 임금은 6.8% 상승한 데 그쳤다. 이러한 현상은 2008년 글로벌 금융위기를 거치면서 더 심화되었다. 2008~2012년 기업의 연평균 영업이익 증가율이 9.5%로 임금상승률 6.5%보다 훨씬 더 높았다.

가계가 가난해진 두 번째 이유는 소규모 자영업자가 어려움을 겪고 있기 때문이다. 한국 취업자 중 비임금 근로자가 2013년 말 현재 인구의 26.3%(자영업자 21.9%)를 차지하고 있다. OECD 평균인 15.9%(2011년 기준)에 비해 2배 정도 높은 수준이다. 그러나 자영업의 영업 환경은 최근으로 올수록 더 어려워지고 있다. 2008년에서 2012년 사이에 기업의 영업이익 증가율이 연평균 9.5%였으나 자영업의 경우는 1.6%에 그쳤다. 이에 따라 가계 소득이 전체 국민소득에서 차지하는 비중이 줄어들었을 뿐만 아니라, 가계 소득에서도 자영업자 영업이익이 차지하는 비중이 1996년 23.8%에서 2011년에는 15.6%로 크게 줄었다. 국세청에 따르면 2012년 소득을 신고한 자영업자 366만 명 가운데 56%가 월 소득 100만 원이 채 되지 않았다.

가계가 가난해진 세 번째 이유는 이자 소득의 감소에 있다. 가계의 순이자 소득이 1998년에 25조 1000억 원으로 고점을 치고 2008년에는 8000억 원으로 급감했다. 그 이후 다소 늘고 있지만 2012년에도 4조 3000억 원으로 낮은 수준을 유지하고 있다.

이자 소득이 이처럼 크게 줄고 있는 것은 가계 부채 증가와 저금리에 기인한다. 우선 가계 부채가 크게 늘었다. 1998년 가계 부채(비영리법인 포함)가 226조 원이었으나, 2011년에는 1104조 원으로 거의 5배 증가했다. 2013년 말 현재도 개인 부채 잔액이 1223조 원으로 계속 늘고 있다.

다른 한편으로는 구조적으로 낮아진 금리 때문에 가계의 이자 소득이 줄었다. 1998년 연평균 13.3%였던 저축성 예금의 수신 금리(신규 취급액 기준)가 2011년에는 3.7%까지 하락했다. 2013년에도 2.7%로 하락세가 지속되고 있다.

금리 하락으로 이자 소득이 줄어든 반면 부채 증가로 이자 지급은 늘다 보니 순이자 소득은 줄어들 수밖에 없었던 것이다. 1998년 이자 소득이 60조 원에서 2012년에 50조 원으로 감소했지만, 이자 지급은 같은 기간 35조 원에서 45조 원으로 늘었다.

제도 부문 간 소득 재분배 과정 전개 예상

한국 경제는 그동안 수출 중심으로 성장해왔다. 이제 수출과 내수가 균형 성장을 해야 하는데, 그러기 위해서는 '가계 소득 확대 →

소비 증가 → 기업 매출 증가 → 고용 창출 → 경제 성장 지속 → 가계 소득 확대' 등의 선순환 과정이 필요하다.

1997년 경제위기 이후 상대적으로 줄어들기만 했던 가계 소득을 늘려야 안정적 경제 성장이 가능하다. 문제는 가계 소득을 어떻게 늘려가는가에 있을 것이다. 이에 대한 답은 앞서 살펴본 가계 소득을 줄였던 요인에서 찾아야 한다. 1997년 이후 국민총소득에서 기업과 정부의 몫은 증가했고, 가계 몫은 감소했다.

이제 가계의 몫을 상대적으로 증가시킬 필요가 있다. 특히 늘어날 기업 소득의 일부가 가계로 환류되어야 할 것이다. 그렇게 되려면 기업이 고용을 늘리거나 임금을 올려주어야 한다. 또한 배당금 지급도 늘어야 한다.

자영업자의 영업 환경 개선도 필요하다. 박근혜 정부의 '골목상권' 보호 같은 정책도 그중 하나다. 그것이 소비자에게 불편을 줘 효용을 감소시킨다면, 기업이 그 지역의 자영업자를 고용하는 것도 가계 소득을 늘리는 한 방법일 것이다.

가계의 이자 소득 증가도 필요하다. 이자 소득이 늘어나려면 금리가 상승(가계 전체로는 금융자산이 부채보다 많기 때문에 금리가 오를수록 이자 소득은 증가한다)하거나 가계 부채가 감소해야 한다. 한국 경제가 구조적으로 저성장 국면에 접어들고 저축률이 투자율보다 높은 상황이기 때문에 금리가 오를 가능성은 낮다. 답은 가계 부채를 줄이는 데서 찾을 수밖에 없다. 1997년 경제위기를 겪으면서 우리는 기업

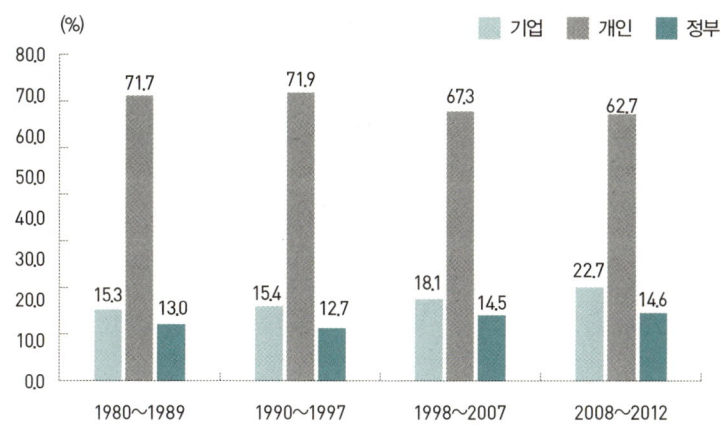

과 금융 부문에 168조 원의 공적 자금을 투입했다. 정도의 차이이지 가계의 부채 경감도 필요한 시기이다. 박근혜 정부가 추진하고 있는 18조 원 규모의 '국민행복기금'은 가계 부채를 경감시키는 초기 단계일 것이다.

해외 투자에서
국부를 늘려라

2013년 한국의 경상수지 흑자가 799억 달러에 이르러 사상 최고치를 기록했다. 앞으로도 경상수지 흑자는 지속될 것이다. 경상수지 흑자로 벌어들인 돈으로 높은 수익이 기대되는 해외 기업 및 금융자산에 투자해서 국부를 늘려야 할 것이다.

저축률이 투자율 초과, 경상수지 확대

경상수지는 상품수지, 서비스수지, 본원 및 이전소득수지로 구성된다. 이 중에서도 상품수지가 경상수지 흑자에 가장 크게 기여하고 있다. 상품수지가 흑자를 내고 있는 것은 우선 국내 수요가 해외 수요보다 위축되어 수출이 수입보다 더 많기 때문이다. IMF에 따르면 최근 10년 동안 세계 경제가 3.8% 성장했는데, 한국은 그보다 약간 낮은 3.6% 성장에 그쳤다. 이와 더불어 최근에는 원자재 가격 하락으로 교역 조건이 개선된 것도 상품수지 흑자에 기여하고 있다. 또한 1997년과 2008년 두 번에 걸쳐 국내외에 발생한 경제위기를 겪으면서 한국의 환율이 비교적 높은 수준을 유지하고 있는 것도 상품수지 흑자 확대 요인이 되고 있다.

여기다가 그동안 적자를 면치 못했던 서비스수지가 2012년부터는 흑자로 돌아서 경상수지 흑자 폭을 더 키우고 있다. 서비스수지가 흑자로 전환한 것은 여행수지가 지속적으로 적자를 보이고 있음에도 건설·운송·금융 서비스 부문에서 흑자가 늘고 있기 때문이다.

그러나 1998년 이후 경상수지가 흑자를 기록하고 있는 가장 근본적 이유는 한국 경제에서 저축률이 투자율을 초과하고 있기 때문이다. 일반적으로 정부가 균형 재정을 유지한다고 가정하면 저축률이 투자율을 넘어설 때, 국제수지가 흑자를 기록하게 된다. 1997년 IMF 경제위기를 겪기 전까지는 한국 경제에서 투자가 저축보다 많았다. 그래서 경상수지가 적자였고 이것이 지속적으로 누적되다 보니 달러가 부족해서 한국이 외환위기를 겪은 것이다. 그러나 1998년 이후로는 상황이 역전되었다. 기업이 구조조정을 거치는 과정에서 투자가 크게 위축되었다. 이 시기 이후 소비가 증가하면서 저축률도 낮아졌지만, 저축이 투자를 초과하면서 경상수지가 지속적으로 흑자를 이루고 있는 것이다.

적자 재정으로 경상수지 흑자 폭 더 늘 전망

한국의 재정수지는 갈수록 적자가 확대될 가능성이 높다. 단기적으로 경기 부양을 위해 추가경정예산이 필요하고 중장기적으로 사회복지 지출이 지속적으로 늘 것이기 때문이다. 반면 한국 경제가 잠재 성장률이 3% 안팎으로 떨어지는 등 저성장 국면에 접어들었기 때문에 국민소득 증가 속도도 둔화하고 조세 수입이 정부 지출을 넘어설 정도로 많지 않을 것이다. 재정이 적자로 돌아서면 국민 경제의 균형을 유지하기 위해서는 저축이 투자보다 많아진다. 따라서 수입이 상대적으로 위축되어 경상수지 흑자는 더 늘게 된다.

이 같은 현상은 한국은행에서 작성하는 자금 순환표에서도 나타나고 있다. 이에 따르면 정부 부문에서 자금 잉여는 지속적으로 축소되고 있는 상태이다. 또한 기업 부문에서 자금 부족 규모도 줄고 있다. 일본이 1990년대 들어 구조적으로 저성장 국면에 접어들면서 기업 부문이 자금 잉여 주체로 등장했는데, 우리도 머지않아 그런 방향으로 갈 가능성이 높다. 정부가 자금 잉여에서 부족 부문으로 변화하고 기업이 자금 잉여 주체로 변한다면, 개인의 자금 잉여가 늘거나 국외 부문의 부족 규모가 확대(경상수지 흑자 확대)되어야 한다.

수출로 번 돈, 해외 투자로 높은 수익률 내야

앞서 살펴본 이유로 앞으로도 경상수지 흑자가 지속적으로 높은 수준을 유지할 가능성이 높다. 그만큼 한국으로 달러가 많이 들어온다는 의미이다. 문제는 들어온 달러가 다시 나간다는 데 있다. 다음 그림은 한국의 경상수지와 자본 및 금융수지가 경상 국내총생산에서 차지하는 비중인데, 경상수지 흑자로 들어온 달러가 자본 및 금융 계정을 통해서 나가고 있다. 예를 들면 2013년 GDP 대비 경상수지 흑자가 6.1%(799억 달러)였는데, 자본 및 금융수지 적자는 5.9%(769억 달러)였다.

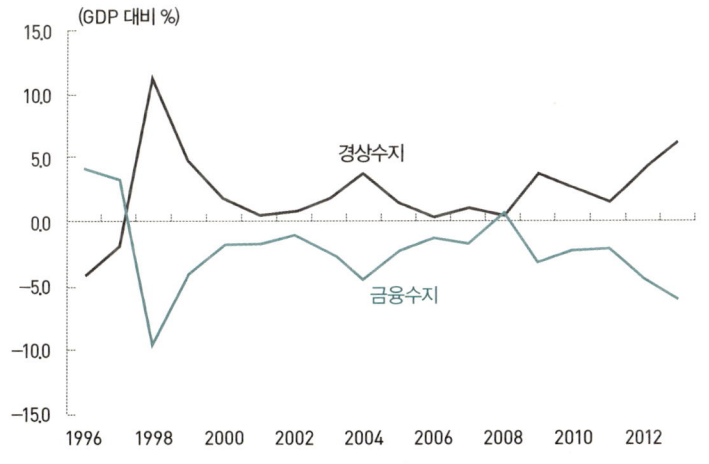

경상수지 흑자, 자본 및 금융수지 적자

자료: 한국은행

경상수지 흑자로 들어온 돈의 출구를 좀 더 세부적으로 보면 다음과 같다. 우선 경상수지 흑자 금액의 일부는 한국은행의 외환 보유액 증가로 잡히고 있다. 2008년 11월에 2005억 달러였던 외환 보유액이 2014년 4월에는 3559억 달러로 78%나 증가했다. 나머지는 해외 직접투자나 증권투자로 유출되고 부채를 상환하는 데 이용되고 있다. 2013년에 해외 직접투자수지가 170억 달러 적자를, 증권투자도 83억 달러 적자를 기록했다.

이에 따라 한국의 대외 채무보다는 채권이 더 빠르게 증가하고 있다. 2013년 말 현재 대외 채권이 6055억 달러로 대외 채무 4166억 달러보다 1889억 달러가 더 많다. 순채권이 2008년 글로벌 금융위기를 겪으면서 그해 말에는 246억 달러로 감소했으나, 2013년까지는 증가세를 지속하면서 2008년 말보다 8배 정도 늘었다.

경상수지 흑자로 들어온 달러가 해외 직접투자나 부채 상환으로 나가고 있다. 또한 해외 증권투자를 위해 달러가 밖으로 나가고 있다. 2000년부터 2013년까지 한국 투자자들이 해외 증권을 1671억 달러 사들였다(연간으로는 해외 투자 열풍이 불었던 2007년에 564억 달러로 최고치를 기록했다). 그러나 증권투자에 있어서는 아직 외국인들이 한국 증권을 더 많이 사고 있다. 이 기간 외국인들은 한국 증권을 2572억 달러 사들였다.

그러나 한국 경상수지가 지속적으로 흑자를 기록하고 금융자산(2013년 말 현재 1경 2248조 원)이 빠른 속도로 증가하고 있기 때문에 갈수록 한국의 해외 증권투자는 늘 가능성이 높다. 증권투자에서 있어서도 한국이 적자국이 될 날이 머지않은 것이다. 문제는 경상수지 흑자로 벌어들인 돈을 해외에 투자하여 얼마나 높은 수익을 내느냐에 달려 있다.

6장

거대한 변화를 이기는 기업과 개인의 생존법

01

금리 1%대
시대가 온다

　　　　　　　　　　2013년 3월에 국고채 3년 수익률이 2.45%까지 떨어지는 등 주요 시장 금리가 사상 최저치를 기록했다. 채권시장에 거품이 생긴 것인가 아니면 한국 경제의 암울한 미래를 시장이 미리 반영하고 있는 것인가?

　채권시장이 한국 경제의 현실을 제대로 투영하고 있다면, 한국의 잠재 성장률이 크게 하락했거나 더 나아가서는 디플레이션 위험도 있다는 것을 시사한다. 그렇다면 개인은 채권을 사야 한다. 정부와 한국은행은 재정 및 통화 정책의 틀도 새롭게 다시 짜야 할 것이다.

저축이 투자보다 많아, 시장 금리 적정 수준 이하 유지

우리가 매일 시장에서 관찰하는 국고채와 회사채 수익률 등은 명목 금리이다. 이 명목 금리는 실질 금리와 예상 물가 상승률의 합으로 구성되어 있다.

경제이론에서 실질 금리의 대용변수로 실질 소비 증가율을 사용한다. 우리가 저축을 하면 금리를 받는다. 이때 금리란 현재의 소비를 미래로 넘기면서 참는 데 따른 대가이다. 예를 들면 내가 지금 100만 원을 가지고 있고, 그 돈을 당장 쓰면 그만큼 즐겁다. 그런데 그 돈을 은행에 맡기면 지금의 효용을 포기한 데 따른 보상을 받아야 한다. 그 대가가 금리라는 것이다. 또한 우리는 소비를 미루는 동안 물가가 오른 만큼 보상받기를 원한다.

우선 채권시장에 버블이 발생했는지를 보기 위해 적정한 금리 수준을 추정해야 한다. 적정 금리는 실질 금리와 물가 상승률의 합이다. 실질 금리는 사전적으로 추정하기 어렵기 때문에 사후적으로 실질 소비 증가율을 사용한다. 더 나아가서는 실질 금리 대용 변수로 실질 국내총생산 증가율을 이용하기도 한다. 장기적으로 GDP와 소비 증가율이 거의 같기 때문이다. 그리고 명목 금리를 구성하는 또 다른 요소인 물가 상승률은 가계의 지출 활동과 가장 관계가 높은 소비자물가 상승률을 사용한다. 적정 수준의 명목 금리는 실질 GDP 성장률과 소비자물가 상승률의 합인 셈이다.

한국의 적정 금리와 실제 금리의 비교 (단위:%)					
기간	경상수지	실질 GDP	소비자물가	적정 금리	회사채 (3년, AA-)
1980~2013	–	6.94	5.39	12.33	11.37
1980~1985	적자	7.27	10.94	18.21	19.05
1986~1989	흑자	10.76	4.66	15.43	13.69
1990~1997	적자	7.75	6.13	13.88	14.52
1998~2013	흑자	5.45	3.12	8.57	6.35

주: 1) 적정 금리를 실질 금리(실질 GDP 성장률)와 물가 상승률의 합으로 가정
   2) 회사채 수익률은 3년 AA- 기준
   3) 2010년 이후 GDP는 2010 기준

위의 표에 나타나 있는 것처럼 1980년부터 2013년까지 통계를 보면 실질 경제 성장률(6.94%)과 소비자물가 상승률(5.39%)의 합으로 정의되는 적정 금리가 연평균 12.33%였는데, 이 기간 회사채(무보증 3년, AA-등급) 수익률도 11.37%로 거의 같다. (정부에서 발행하는 국고채 수익률은 회사채보다 신용도가 더 높아서 1%포인트 정도 낮게 형성되고 있다. 국고채 수익률은 1995년부터 발표되고 있다. 여기서는 장기 분석을 위하여 회사채를 사용했다.)

그러나 기간에 따라서는 시장 금리(회사채 수익률)가 적정 금리보다 높기도 하고 낮기도 하다. 과거 통계를 보면 경상수지가 적자일 때 시장 금리가 적정 수준보다 높았고, 흑자일 때 적정 수준보다 낮았다. 1980~1985년, 1990~1997년에 경상수지가 적자를 보였는데, 이 시기에 회사채 수익률이 적정 수준보다 각각 0.84%, 0.64%포인트 높았다. 그러나 경상수지 흑자 시기인 1986~1988년, 1998~2013년

에는 회사채 수익률이 적정 금리보다 각각 3.25%, 2.23%포인트 낮게 형성되었다.

경상수지가 흑자(적자)일 때 금리가 낮은(높은) 이유는 저축률과 투자율 차이 때문이다. 정부가 세금으로 거둬들인 만큼 지출한다면, 즉 균형 예산을 맞춘다면 국내 저축률이 투자율을 넘어설 때 경상수지가 흑자를 이룬다. 반대로 저축률이 투자율보다 낮다면 경상수지는 적자를 보게 된다.

경상수지가 흑자를 내면 한국으로 그만큼 달러가 들어오는 것이다. 달러가 유입되면 한국 원화 가치가 상승하고 이는 수입 물가를 낮춰 국민 경제 전반적으로 물가 안정에 기여한다. 물가가 떨어지면 그만큼 시장 금리도 하락한다. 또한 자금의 수급 측면에서도 저축률이 투자율을 넘어서면 자금의 초과 공급으로 금리가 떨어진다. 저축은 국민 경제 전체적으로 보면 자금의 공급이고 투자는 자금의 수요이다. 저축률이 투자율보다 높다는 것은 그만큼 자금 공급이 수요보다 많다는 뜻이다.

한국은 1997년 IMF 관리 체제에서 경제위기를 겪었다. 경제위기의 가장 큰 원인은 대기업의 과잉 투자에 따른 기업과 은행의 부실이었다. 경제위기를 겪으면서 우리는 뼈아픈 구조조정을 했다. 많은 기업이 시장에서 퇴출되고 기업들이 합리적인 투자를 하면서 1998년 이후에는 낮아진 저축률에도 불구하고 투자율이 그 이하로 떨어졌다. 구조적으로 저축률이 투자율보다 높아지면서 경상수지가 흑자를 내고 시장 금리도 적정 금리 수준보다 낮게 형성되었다.

    2013년에도 회사채 수익률이 연평균 3.2%로 매우 낮은 수준을 유지했는데, 실질 경제 성장률은 2.8%에 지나지 않았고, 특히 소비자물가가 1.3% 상승하는데 그쳐 채권시장이 저성장과 저물가 시대를 예고해주고 있다.

통화 정책의 기본 틀, 재점검 필요

    채권시장에 거품이 발행하지 않았다면, 사상 최저 수준까지 떨어진 시장 금리는 거시경제적 정책 방향에 어떠한 시사점을 주는가? 한국은행의 가장 중요한 임무는 물가 안정이고, 2013~2015년 중 물가 안정 목표는 소비자물가 상승률 기준 2.5~3.5%로 설정하고 있다. 2014년 5월 현재 회사채 수익률이 3.3% 안팎에서 움직이고 있는데, 지난 24년 동안 적정 금리 수준보다 0.95%포인트 낮다는 것을 고려하면 시장이 기대하는 적정 금리 수준은 4.3% 정도이다. 한국은행이 설정한 물가 목표가 적절하다면 시장에서 보는 실질 경제 성장률은 0.8~1.8%이다. 한국은행의 물가 목표가 지나치게 높거나 우리가 지금까지 기대해왔던 경제 성장률보다는 앞으로 성장률이 훨씬 더 낮아질 것을 시사한다.

    2012년 말 국회예산정책처는 과거 5년(2008~2012년) 동안 한국의 잠재 성장률이 연평균 3.9%였던 것으로 추정했다. 그러나 실제로는

2.9% 성장에 그쳤으니, 1%포인트 정도 능력 이하로 성장한 셈이다. 2013~2017년 한국의 잠재 성장률도 연평균 3.5%일 것으로 추정하고 있다. 자본·노동·총요소 생산성을 고려한 생산 함수 측면에서 그렇게 계산한 것이다.

그러나 수요가 장기적으로 위축되면 생산요소들의 고용도 그만큼 축소되고 이는 다시 잠재 성장 능력을 낮춘다. 2008년 미국에서 시작된 글로벌 금융위기를 겪으면서 민간 부문의 디레버징과 함께 전 세계적으로 수요가 위축되면서 수출 의존도가 높은 한국 경제의 잠재 성장률을 낮췄을 것으로 추정된다. 박근혜 정부 5년 동안 연평균 경제 성장률은 2.8% 정도일 가능성이 높다.

그렇다면 시장과 한국은행의 물가 목표는 인식의 차가 크다. 3%대인 회사채 수익률은 물가 상승률이 1% 정도일 것이라는 것을 시사한다. 더 극단적으로 한국 경제에 디플레이션이 올 수도 있다는 것을 내포하고 있다. 한국은행이 물가 목표치를 낮게 수정해야 한다는 것이다. 실제 물가가 목표치를 넘어섰을 때, 한국은행이 비난받은 것처럼 물가 목표치 아래 있을 때도 질책을 받아야 한다.

물가 목표를 낮추면 당연히 목표하는 금리 수준도 낮아져야 한다. 적정 금리를 추정하는 하나의 방식인 테일러 준칙에 따라 적정 기준 금리를 시산해보면 현재의 경제 환경하에서 기준 금리 수준은 1.3~2.5% 정도이다. 한국 경제가 잠재 성장 능력보다 낮게 성장하고 물가도 목표치 이하이기 때문이다.

현재의 경제 상황에서 기준 금리를 인하하더라도 소비와 투자가 크게 증가하지는 않을 것이다. 그러나 채권시장은 한국 경제가 구조적으로 저성장·저물가 시대로 변하고 있다는 것을 말해주고 있다. 정책 당국이 적극적으로 대응하지 않으면 장기적으로 한국의 경제성장률은 1%대로 가고, 금리도 그 수준으로 떨어질 가능성이 높다.

배당금이 늘어야
주가가 오른다

지난 2008년 이후 한국 주가가 추세적으로 상승하지 못하고 일정 범위 내에서 움직이고 있다. 일부에서는 배당금이 낮기 때문이라고 한다. 정말 한국 주식시장에서 배당 수익률이 낮고, 배당금이 늘면 주가가 오를 수 있을까? 이러한 의문에 대한 내 답은 다음과 같다.

첫째, 주가가 올라야 배당금도 늘지만, 배당금이 늘면 주가도 오를 수 있다. 둘째, 한국의 배당 수익률은 다른 나라와 비교해보면 절대적으로 낮다. 그것은 기업의 이익이 주주에게 배당금으로 덜 갔다는 것을 의미한다. 즉, 배당 성향이 낮았다는 것이다.

그렇다면 증권시장의 주변 환경은 어떤가? 한국 경제가 구조적으로 저성장·저금리 국면에 접어든 만큼 배당 투자에 대한 욕구는 늘 것이다. 문제는 기업이 배당을 주주에게 더 줄 것인가에 달려 있다. 배당 성향이 더 높아져야 한다. 우선 거시적으로 1997년과 2008년 경제위기를 겪으면서 국민소득 중 기업 몫은 증가했고 가계 몫은 감소했다. 소득 재분배가 필요한 시점이다. 또한 일부 대기업이 대규모로 이익을 내고 있으나 과거처럼 투자할 데가 많지 않다. 투자를 위한 돈이라면 몰라도 단지 미래에 대한 불확실성 때문에 현금을 쌓아놓고 있다면, 국민 경제 전체적 측면에서 비효율적이다. 앞으로 상장된 우량 회사 주식의 10% 이상을 보유할 국민연금이 기업들이 배당금을 늘릴 수 있도록 유도해야 할 것이다.

주가가 올라야 배당금이 늘었다

우선 과거 통계를 분석해보면 주가가 오를 때 배당금도 늘었다. 다음 그림은 한국 주식시장(KOSPI)에서 주당 배당금과 주가지수 추이를 보여준다. 여기서 주당 배당금은 거래소 시장에 상장된 회사의 배당금을 상장주식 수로 나눈 것이다. 지난 2012년 코스피시장의 전체 배당금은 15조 4000억 원이었고, 주당 평균 배당금은 429원이었다(단순 평균인 만큼 회사에 따라 큰 차이가 있을 수 있다).

그림에서 보는 것처럼 주가지수와 주당 배당금은 거의 같은 방향으로 움직여 왔다. 주당 배당금 추이를 보면 1987년과 2004년에 한

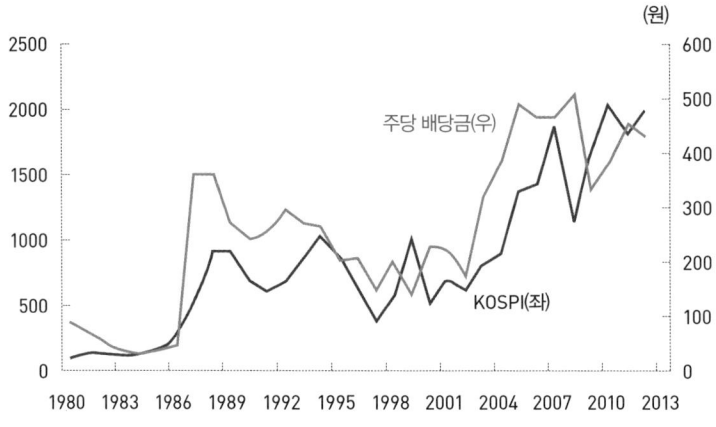

자료: KRX

단계씩 도약했고, 주가도 이 무렵에 한 계단 상승하는 모습을 보였다. 최근 상황을 보면 주당 배당금은 2008년 512원을 정점으로 거의 정체 상태에 머물고 있다. 주가도 2009년 이후 추세적 상승보다는 일정 범위 내에서 변동하고 있다.

그렇다면 주가가 올라서 배당금이 늘었는가 아니면 배당금이 증가해서 주가가 상승했는가에 대한 의문이 든다. 이 문제에 대한 답을 얻기 위해서 주가지수와 배당금 간의 시차 상관 계수를 구해보았다. 같은 기간 주가지수와 배당금의 상관 계수가 0.80으로 매우 높았다. 즉, 주가가 오른 해에 배당금도 많았던 것이다. 그러나 시차 관계를 구해보면 1년 전의 주가지수와 당해 연도의 배당금 사이의 상관 계수가 0.89로 가장 높다. 지난해 주가가 올랐으면 올해 기업들이 더 많은 배당금을 주었던 것이다. 이는 상식과 일치한다. 기업들이 일정한 배당 수익률을 가정하고 배당에 대한 의사결정을 한다면 지난해 주가가 오른 비율로 배당금을 더 주어야 하기 때문이다.

이러한 관계를 더 심층적으로 분석하기 위해 그랜저 인과 관계 테스트를 해보았다. 이에 따르면 양방향으로 인과 관계가 성립했다. 즉, 주가가 올라서 배당금이 늘었고, 또 배당금이 증가해서 주가가 상승한 것이다. 그러나 주가가 올라서 배당금이 더 늘어나는 방향이 통계적으로 더 유의했다.

시차 상관 관계나 인과 관계를 통해서 알아보면 주가가 오른 다음 해에 배당금이 늘었다. 그러나 두 변수 간의 당해 연도 상관 계수도 0.80으로 매우 높다. 배당금이 늘어난 해에 주가도 상승했다는 것을 알 수 있다. 2000~2012년의 통계를 대상으로 회귀 분석해보면 배당금이 1% 늘었을 때, 주가지수는 1.07% 상승했다. 주당 배당금이 2012년 429원에서 앞으로 500원으로 오르면 주가지수는 2300을 넘어 사상 최고치를 기록할 수 있다.

너무 인색한 기업들

문제는 기업들이 배당금을 더 줄 수 있는가에 달려 있을 것이다. 지금까지는 한국 기업들이 주주에게 너무 인색했다. 2012년 한국 주식시장에서 배당 수익률은 1.1%(KOSPI, MSCI 기준)였다. 유럽 3.7%, 대만 3.1%에 비해 턱없이 낮을 뿐만 아니라 세계 평균인 2.7%의 절반에 이르지도 못했다. 한국의 배당 수익률이 낮은 것은 지난 2012년 한 해의 문제가 아니다. 과거 10년간 세계 주식시장의 연평균 배당 수익률이 2.7%였는데, 한국은 1.7%로 낮았다.

왜 한국의 배당 수익률이 이처럼 낮은가? 배당 수익률이란 배당금을 주식의 당시 가격으로 나눈 것이다. 따라서 배당 수익률이 낮다는 것은 배당금이 작았거나 주가 수준이 높다는 것 중의 하나이다. 한국의 경우 주가수익비율$_{PER}$이 9배 안팎에서 변동한 것을 보면 결코 주가 수준이 높지 않았음을 알 수 있다. 그렇다면 기업들이 배당금을 덜 주었다는 결론에 도달할 수 있다.

실제로 과거 통계를 보면 한국 기업의 배당 성향은 매우 낮았다. 여기서 배당 성향이란 배당이 가능한 이익 중에서 기업이 주주에게 배당금으로 얼마나 주었느냐 하는 비율이다. 지난 2012년 거래소에 있는 기업들의 배당 성향은 20.8%로 낮아졌다. 2004년(18.5%)에서 2008년(27.1%)까지는 증가 추세를 보였으나, 그 이후로는 계속 줄어들고 있다. 2010년부터는 코스피200에 속하는 기업들의 배당 성향이 더 낮아져 우량 기업들이 배당을 덜 주고 있는 것으로 나타났다. 그중 대표적 기업이 삼성전자인데, 이 회사의 배당 성향이 2007년 15.8%에서 2012년에는 5.2%로 크게 낮아졌다. 2012년 한 해만 보더라도 시가총액 상위 5위 안에 드는 기업 중 포스코만 제외하고 한국을 대표하는 기업들이 매우 낮은 배당금을 주고 있다.

> **주가수익비율** price earning ratio, PER
> 주가가 주당 순이익의 몇 배인가를 나타낸 것으로 투자 판단의 지표로 사용된다. 한 회사의 주가가 5만 원인데 1주당 순이익이 5000원이면 PER은 10배이다. 2014년 현재 프랑스가 19.3배, 미국 18.3배, 독일 15.8배, 일본 14.8배 수준을 보이고 있다.

증시 주변 환경은 높은 배당금 요구

한국 경제의 잠재 성장률이 3% 안팎으로 떨어지고 디플레이션 압력이 존재하는 만큼 저금리 시대는 장기적으로 더 지속될 가능성이 높다. 그래서 배당 투자에 대한 욕구는 갈수록 증가할 것이다. 여기서는 개별 종목을 다루지 못했지만, 미국 시장에서 배당을 지속적으로 많이 하는 기업에 투자했을 때 투자자들이 초과 수익을 거둘 수 있었다는 사례 분석이 많다. 한국에서도 이미 그런 현상이 나타나고 있으며 앞으로도 배당 투자는 더 중요한 역할을 할 것이다.

또한 소득 재분배 차원에서도 돈을 많이 버는 기업들이 배당금을 늘릴 필요가 있다. 우리가 1997년과 2008년 경제위기를 겪는 과정에서 국민총소득GNI 중 기업 몫은 증가했으나 개인 몫은 상대적으로 줄었다. 예를 들면 1990~1997년에 국민총소득 중 72%(연평균)를 개인이 가져갔으나, 2008년부터 2013년에는 63%로 줄었다. 반면에

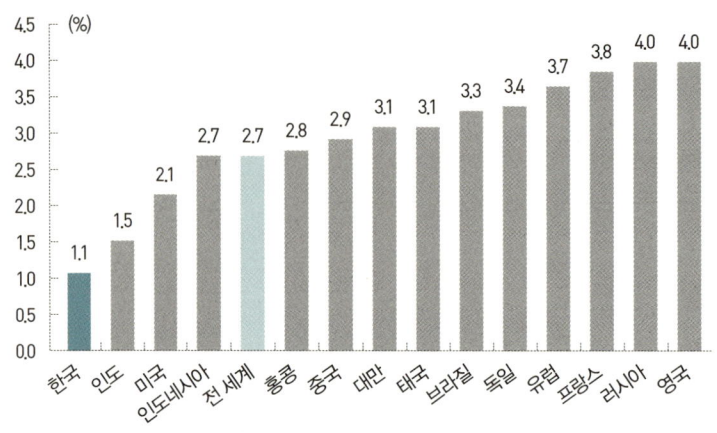

자료: 블룸버그

기업 몫은 같은 기간 15%에서 23%로 늘었다. 이 기간 기업이 상대적으로 부자가 되고 가계는 가난해진 것이다(이 시기에 다른 나라에서도 한국과 같은 현상이 발생했다. 그러나 한국의 개인 몫이 제일 빨리 줄었다. 2011년 기준으로 OECD 국가들의 개인 몫의 평균은 69%로 한국보다 높다).

기업이 투자를 위해서 현금을 보유하고 있는 것은 바람직하다. 그러나 단지 미래에 대한 불확실성 때문에 현금 유보를 많이 하고 있다면 국민 경제 전체적으로 보면 비효율적이다. 물론 이는 기업 스스로 결정할 문제이다. 그러나 외부적 영향이 필요하다면 국민연금이 그 역할을 할 수 있을 것이다. 국민연금은 2012년에 이미 상장주식을 6.4%(시가총액 기준)나 가지고 있다. 이 비중은 계속 늘어

2018년에는 주식투자 비중에 따라 9%에서 13%까지 증가할 수 있다. 국민연금이 한국 주식시장에 상장된 대부분의 우량 기업 대주주가 되는 것이다.

1987년과 2004년처럼 배당금과 주가지수가 한 단계 도약할 수 있을까? 기업이 먼저 나서서 배당금을 올려줄 것 같지는 않다. 그래서 국민연금에 거는 기대가 그 어느 때보다도 크다.

집값 단기 상승,
장기 하락

　　　　　　　　　　국민은행이 발표하는 월별 주택 가격 동향 따르면 2013년 9월부터 집값이 오르고 있는 것으로 나타났다. 2011년 하반기부터 서울 아파트에서 시작한 주택 가격 하락 추세가 마무리되고 새로운 상승 국면으로 접어든 것일까? 거시경제 변수와 관련시켜 보면 집값이 안정 추세에 접어들고 있으나 추세적 상승은 아닌 것으로 판단된다.

대출 금리가 주택 가격에 중요한 영향을 준다

여기서는 제도적인 측면을 무시하고 거시경제 변수 중심으로 주택 가격 변동을 분석해보겠다. 우선 주택 가격에 영향을 줄 수 있는 변수로 주가KOSPI, 가계 대출 금리, 소비자물가, 동행지수 순환 변동치를 선정했다. 주가가 상승하면 주택을 구입할 수 있는 부wealth가 늘어난다. 금리가 낮으면 낮을수록 가계는 돈을 빌려 주택을 사려 한다. 물가가 오르면 금융자산보다는 실물자산이 선호된다. 경기가 좋아야 고용이 늘고 주택을 매입하려는 사람이 더 많아진다.

이 변수들이 주택 가격 변동을 얼마나 설명해주는지를 보기 위해서 벡터 자기 회귀 모형Vector Autoregressive model을 구성하고 분산 분해를 해보았다. 분산 분해는 모델에 포함된 변수들이 주택 가격 변동을 얼마나 설명해주는가를 보여준다. 이에 따르면 우선 주택 가격은 상당히 오랫동안 한 방향으로 움직이는 성향을 갖고 있다. 예를 들면 1개월 후의 주택 가격 변동을 자기 스스로 95.4%나 설명하는 것이다. 이달에 주택 가격이 올랐으면(떨어졌으면) 다음 달에도 상승(하락)할 가능성이 매우 높다는 것이다. 그러나 시간이 흐를수록 그 정도는 점차 줄어드는 데, 1년 후의 주택 가격 변동에 대한 설명력은 65.9%로 하락했다.

모델에 포함한 변수 중 주가나 소비자물가는 주택 가격 변동에 크게 영향을 주지 못한 것으로 나타났다. 이와는 달리 가계 대출 금리나 동행지수 순환 변동치는 주택 가격 변동을 상당 부문 설명해주고 있다. 특히 가계 대출 금리는 1년 후의 주택 가격 변동을 23.3%나 설명해줄 수 있는 것으로 분석되었다. 또한 현재의 경기 상태를 나타

주택 가격의 분산 분해
(단위:%)

개월	KOSPI	가계 대출 금리	소비자물가 상승률	동행지수 순환 변동치	주택 가격 상승률
1	0.5	1.9	0.1	2.1	95.4
6	1.6	11.8	0.1	8.5	77.9
12	0.8	23.3	0.4	9.5	65.9
24	0.9	23.8	5.3	9.0	60.6
36	0.9	23.5	6.1	10.3	59.1

주: 1) 5변수(코스피, 가계 대출 금리, 소비자물가, 동행지수 순환 변동치, 주택 가격) VAR 모델, 시차는 6
2) 분석 기간은 가계 대출 금리가 이용 가능한 1996. 1.~2013. 9.

내는 동행지수 순환 변동치도 1년 후의 주택 가격 변동을 10% 정도 설명해주었다.

결국 금리가 하락하거나 경기가 좋아져야 주택 가격이 오를 수 있다는 것이다. 우선 낮은 금리는 주택 가격 상승 요인이다. 은행의 가계 대출 금리가 2012년 1월에는 5.80%였으나, 2013년 12월에는 4.10%로 사상 최저치를 기록했다.

당분간 금리가 크게 오를 가능성은 낮다. 왜냐하면 한국 경제가 잠재 능력 이하로 성장하면서 디플레이션 압력이 존재하기 때문이다. 2013년에 소비자물가가 1.3% 상승하는 데 그친 것이 바로 그 증거이다. 시장 금리는 경제 성장과 더불어 물가를 반영하는데, 경제 성장률이 크게 높아지지 않는 한 물가가 안정된 만큼 금리도 안정될 가능성이 높은 것이다.

한편 주택 가격에 영향을 주는 경기도 부분적으로 회복되고 있다. 현재의 경기 상태를 나타내는 통계청의 동행지수 순환 변동치가 2013년에 하락을 멈추고 느리지만, 증가세로 전환되고 있다. 특히 동행지수에 6개월 정도 앞서 가는 선행지수 순환 변동치가 2013년 6월부터 비교적 큰 폭으로 상승하고 있기 때문에 앞으로 경기가 더 좋아질 가능성이 높다. 실제로 2013년 9월에는 일 평균 수출액이 22억 4000만 달러로 사상 최고치를 기록하는 등 수출이 늘고 있다. 또한 내수도 완만하게 회복되는 추세다.

이 외에 전셋값 상승도 주택 가격 상승 요인으로 작용할 수 있다. 최근 전셋값의 지속적 상승이 전세에서 월세로 변하는 과정에서 나타나는 현상이긴 하지만 1987년 이후의 통계를 분석해보면, 전세가 주택 가격에 3개월 선행(상관 계수 0.75)해서 움직여 왔다. 2013년 8월부터 전셋값 상승률이 다시 높아졌기 때문에 앞으로 주택 가격도 오를 것으로 추론해볼 수 있다.

지금까지 살펴본 것처럼 저금리가 지속되고 경기 회복 조짐이 나타나고 있기 때문에 2013년 9월부터 오르고 있는 전국 주택 가격의 상승세가 더 이어질 가능성이 높다. 그렇다면 이것을 추세적 상승으로 볼 수 있을까?

동행지수 순환 변동치|同行指數循環變動値
도·소매 판매액, 생산, 출하 등으로 구성되는 동행지표에서 추세치를 제거해 경기의 순환만을 보는 것이다. 추세치를 제거하는 이유는 동행지수에서 경제 성장에 따른 자연 추세분을 제거하여 현재 경기가 어떤지를 살펴보기 위한 것이다. 동행지수 순환 변동치는 100을 기준으로 그 이상이면 호황, 미만일 때는 불황으로 분류된다. 반면 '선행지수 순환 변동치'는 3개월 앞의 경기를 예측하는 지표이다.

중장기적으로는 하락 추세 이어질 전망

주택 가격의 적정성을 판단할 때 실질 가격뿐만 아니라 주택 가격/렌트 비율이 사용된다. 우선 주택 가격을 소비자물가로 나눈 실질 가격을 보면 2014년 4월 현재 전국 평균 주택 가격은 1986년 이후 소비자물가보다 18% 정도 덜 올랐다. 그러나 아파트는 물가보다 훨씬 더 빠르게 상승했다. 특히 서울 아파트의 경우 미국에서 시작한 글로벌 금융위기가 시작되기 직전이었던 2008년 6월에는 물가보다 77%나 더 올라 부분적으로 거품이 발생했다. 그 이후로 거품이 해소되는 과정이 진행되고 있는데, 2014년 4월 현재도 물가보다 41% 더 높은 상태로 추가 하락의 여지가 남아 있다.

다음으로 주택 가격이 렌트에 비해서 얼마나 올랐는가를 보고 주택 가격의 적정성을 평가해보자. 여기서는 주택 가격을 통계청에서 작성하는 주택 임차료지수로 나눠 가격/렌트 비율[PRR: Price to Rent Ratio]을 구했다. 과거 평균(여기서는 100)을 기준으로 100에서 위로 벗어날수록 주택 가격이 과대평가된 것으로 해석한다. 물론 100 이하일 때는 주택 가격이 저평가 영역에 있는 것이다.

2010년부터 고평가되었던 서울 강남 아파트부터 'PRR'이 하락하고 있다. 그 뒤로 서울이 하락하고 있으며, 최근에는 전 도시도 뒤따르고 있다. 이는 주택 가격은 하락하고 있는데 전셋값은 상승하고 있기 때문이다.

PRR이 오름세로 전환하려면 주택 가격보다 집세가 더 떨어지거나 혹은 주택 가격이 더 빠른 속도로 올라야 한다. 현재 서울뿐만 아니라 전국 PRR이 하락하고 있지만 아직도 과거 평균 이상(2014년 4월 현재 전국 105, 서울 102)이다. 과거 평균에 접근하려면 앞으로 주택 가격이 더 하락해야 한다. 모든 자산 가격은 연착륙이 쉽지 않다. 특히 주가가 대표적 사례인데 오를 때는 경제 기본 여건을 과대평가하고 떨어질 때는 과소평가한다. 주택 가격도 마찬가지이다. 이런 상황을 가정하면 집값이 더 떨어질 가능성이 높다. 물론 집값이 집세보다 더 빠른 속도로 오르면 PRR이 오를 수 있는데, 현 상황에서는 쉽지 않다. 또한 집값보다는 전셋값이 더 떨어지면 PRR이 증가할 수 있는데, 역시 거기에 이르기까지도 상당한 기간이 요구된다.

장기적으로는 인구 구조가 주택 가격 결정

장기적으로 인구 구조가 주택 가격을 결정하는 가장 중요한 요인 중 하나가 된다. 특히 35~55세 인구가 주택 가격에 지대한 영향을 끼친다. 이들이 직장에 들어가 돈을 벌어 주택을 구입하고 또 집을

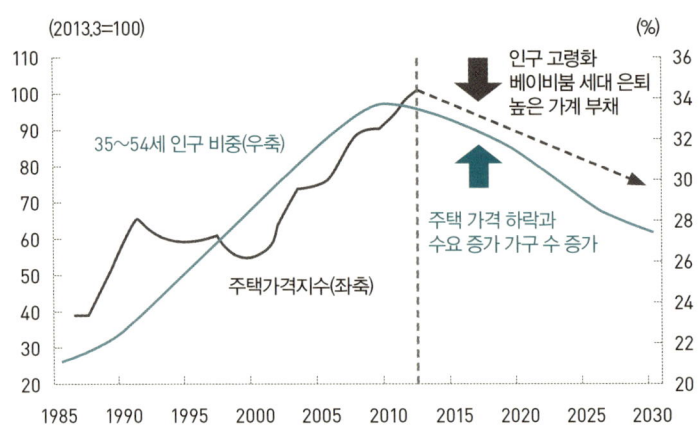

자료: 국민은행, 통계청

늘려 가기 때문이다.

일본의 경우 1990년을 정점으로 35~55세 인구가 감소하기 시작했고, 그 이후 집값도 폭락했다. 1990년 전후 집에 대한 인식도 바뀌었다. 1980년대 중반 이후 일본 집값이 급등할 때(1985년에서 1990년 사이에 6대 도시의 주택지가지수가 2.8배 상승), 일본 사람들은 집을 '투자재'라 생각했다. 집을 사자마자 올랐기 때문이었다. 그러나 1990년을 정점으로 집값 거품이 붕괴된 이후 집은 '단순하게 사는 곳'으로 생각이 바뀌었다고 한다. 집에 대한 인식이 '투자재'에서 '소비재'로 전환된 것이다.

한국의 경우 35~54세 인구가 2011년에 약 1673만 명을 정점으로 감소하고 있다. 이 인구가 비율로는 2010년에 33.7%를 고점으로 이미 줄어들고 있다. 여기다가 노후 대비가 충분하지 않은 1차 베이비붐 세대(1955~1963년생)의 은퇴를 생각하면 장기적으로 집값이 더 떨어질 가능성이 더 높다. 1990년대 집값이 폭락하면서 일본인들의 집에 대한 생각이 바뀐 것처럼, 우리도 집에 대한 개념이 변해야 할 것이다. 집은 투자재가 아니고 소비재다. 집은 쓸수록 낡아지고 감가상각을 해야 하기 때문이다.

전셋값 상승, 임차인 회수 여부
불확실성 증가, 금융회사 부실 초래

　　　　　　　　　　IMF는 2014년 1월 작성한 2013년 한국 경제에 대한 「연례 협의 보고서」의 부속 보고서를 통해 한국의 전세 제도가 금융 시스템의 불안을 초래할 수 있다고 경고했는데, 그 내용을 요약하면 다음과 같다.

　현재 전셋값이 지속적으로 상승하고 있다. 앞으로 집값이 하락하게 되면 집주인이 전세금을 세입자에게 돌려주기가 어려워질 수 있다. 그렇게 되면 전세금 대출을 해준 금융회사에도 부담이 될 수 있다. 500조 원으로 추산되는 한국의 전세금은 세입자가 집주인에게 돈을 빌려주는 일종의 '사금융' 성격을 갖고 있다. 현재 한국의 전세금이 집값에 비해 지나치게 올라 금융 시스템에 불안 요인으로 작용할 수 있다.

수급 불균형으로 전셋값 급등

그렇다면 전세는 얼마나 올랐는가? '부동산114' 조사에 따르면 전국의 아파트 전세가율(집값 대비 전세금의 비율)은 2008년 42% 수준에서 2013년에는 65%까지 치솟았다. 서울의 경우에도 강남구와 강서구 등지에서는 전세금이 집값의 80~90%에 육박하는 집이 등장하고 있고, 2013년 11월 기준으로 전세가율이 90% 이상인 아파트도 4만 5338가구에 이른다.

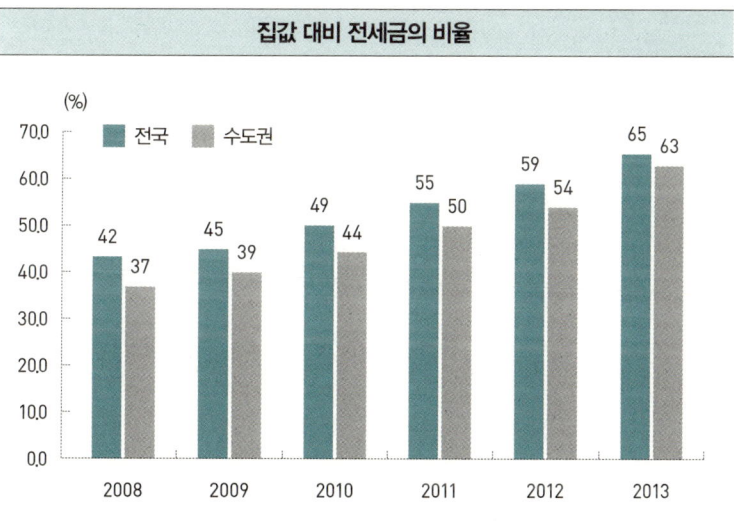

자료: 부동산114

한편 부동산 리서치 전문 업체 리얼투데이가 한국감정원 자료를 분석한 결과에 따르면 서울 아파트 평균 전셋값(2013년 12월 기준)은 2억 9314만원으로 1년 새 2645만 원 올라 10% 가까이 상승했다. 전국의 경우도 2013년 12월 전셋값이 평균 1억 6274만 원으로 1년 사이에 8% 올랐다.

전셋값이 오르는 이유를 한국은행 「금융 안정 보고서」(2013. 10.)는 다음 네 가지 정도로 지적하고 있다. 첫째, 수도권을 중심으로 오랫동안 집값이 하락하다 보니, 주택 매수 심리가 위축되어 '매매 수요'가 '전세 수요'로 이어지고 있다. 둘째, '집 있는 세입자(이들은 대부분 소득 수준이 높다)'가 교육 및 주거 여건이 좋은 서울 강남 등 특수 지역에서 높은 가격을 지불하고 전세로 살고 있다. 이들은 전셋값 상승에 따른 부담을 본인 소유 주택 세입자에게 상당 부분 전가시켜 여타 지역의 전세금까지 상승시키고 있다. 셋째, 저금리가 이어져 전세자금의 운용 수익률이 낮아 임대인 입장에서 임대 수익 확보를 위해 전세금을 인상할 유인이 생겼다. 넷째, 중·고소득층이 양호한 주거 여건을 갖춘 주택(아파트)의 전세를 선호하고 있으나, 공급이 부족한 상태이다.

그러나 전셋값이 오르는 가장 중요한 이유는 한국에만 존재하는 전세 제도가 월세로 변하는 과정에서 나타난 수급 불균형이다. 주택 수요자는 집을 사거나, 전세 혹은 월세 중 하나를 선택해야 한다. 수도권을 중심으로 2007년부터 집값이 하락한 것을 보아온 수요자가 집을 사기보다는 전세나 월세를 선호했다. 이 중에서 주택 수요자는 월세보다는 전세 살기를 더 원했다. 전세가 오랫동안 누적된 관습이었고 월세는 일부 수요자에게 자기 자산이 계속 줄어든다는 생각이 들게 하기 때문이다.

반면 주택 공급자는 주택 가격의 지속적 하락으로 집을 팔려고 했다. 그래서 상대적으로 전세 공급이 줄게 되었다. 또한 주택 소유자는 낮은 금리로 전세자금 운용 수익률이 크게 떨어졌기 때문에 전세보다는 월세를 더 선호했다. 이러다 보니 수요자 쪽에서 전세 수요가 늘고 공급자 쪽에서 전세 공급이 줄어들어 전셋값이 크게 올랐던 것이다.

장기적으로 전세는 없어지고 월세가 보편화되는 시대가 올 것이다. 실제로 국토교통부에 따르면 주택 월세 거래 비율이 2011년 1분기 32%에서 2013년 4분기에는 40%로 높아졌다. 그러나 월세 제도가 완전히 정착하기까지는 전세 수요가 공급보다 많아 전셋값 상승세는 더 이어질 전망이다. 또한 이 과정에서 전세와 월세가 공존하게 되는데, 세입자가 기존의 전세 부담은 그대로 지고 상승분만큼 월세 형태로 지불하는 형태도 나타날 것이다.

임차인 전세금 회수 여부 불확실성 증대

최근 전셋값이 급등했고, 앞으로 더 오를 가능성 높다. 이 때문에 임차인이 전세금을 회수하는 데 따른 불확실성이 높아지고, 나아가서는 전세자금을 대출해준 금융회사도 부실해질 수 있다.

우선 주택담보대출비율(LTV)이 높아지고 있다. 한국의 전세 대상 주택의 LTV가 2013년 6월 현재 평균 48.4%이지만 전세금을 포함하면 75.7%로 올라간다. 앞으로 주택 가격이 더 하락하거나 전셋값이 오르면 세입자는 전세금을 회수하기 어려워질 수 있다.

또한 임차인 입장에서 전세금이 올라가면 가용 소득이 줄어 소비를 줄이게 된다. 더 나아가서는 전세금이 올라간 만큼 대출 증가로 채무 상환 부담도 커진다. 한국은행에 따르면 2013년 6월 말 현재 금융권의 전세대출금은 60조 원이다. 9개 국내 은행 기준으로 볼 때 1인당 평균 대출 규모는 5000만 원이며, 연간 평균 이자 부담액은 227만 원으로 나타났다. 이는 주택을 보유하고 있는 일반 주택담보대출자(평균 대출 규모 9000만 원, 연간 평균 이자 부담액 393만 원)와 비교하면 결코 낮은 수준이 아니다.

한국금융연구원과 서울대학교 금융경제연구원이 공동으로 조사한 「전세자금 대출의 현황과 부실 가능성」 보고서 (2014. 2.)에 따르면 지난 3~4년 사이 급증한 전세대출이 주택담보대출에 비해 연체로 이어질 가능성이 최대 2.1배까지 높은 것으로 나타났다. 전셋값이 급등하자 정부가 소득과 빚 상환 능력을 고려하지 않고 무차별적으로 보증기관의 보증서 발급을 통해 전세대출을 늘렸기 때문인 것으로 분석되고 있다. 이에 따라 정부는 보증금이 3억 원을 넘는 전세자금 대출보증을 금지하는 방안을 검토하고 있다.

더욱 큰 문제는 최근 4~5년간 전세금이 급등하는 가운데 은행에서 돈을 빌리지 못한 세입자들이 금리가 높은 대부업체와 카드회사 등 제2·3금융권에서 전세자금을 대출한 데 있다. 은행에서 대출을 받지 못해 대부업체·카드사·보험사·상호저축은행 등 제2·3금융권에서 전세대출을 받은 금액이 2013년 6월 말 기준으로 22조 원에 이른 것으로 추정되고 있다. 이 금액은 금융권 전체 전세대출 금액인 60조 원의 3분의 1을 넘어서고 있다.

은행에서 돈을 빌리지 못한 전세 세입자들은 대부분 저소득·서민층이다. 이들은 대출 금액 자체도 많지만, 대출의 '질'도 나쁘다. 은행권에서 전세대출을 받은 세입자의 소득 대비 대출 금액 비율은 평균 97%이지만, 대부업체와 카드사 등에서 전세대출은 받은 세입자는 평균 214%로 높다. 또한 이들은 훨씬 높은 금리를 부담하고 있다. 전체 가구의 대출 금리가 5.5%이지만, 대부업체와 카드 대출로 전세금을 빌리는 소득분위 1·2분위 계층(가구 소득 평균을 5단계로 나눴을 때 하위 1, 2번째 저소득 계층)의 평균 대출 금리는 각각 7.5%, 6.2%로 더 높다.

고금리로 전세대출을 받은 저소득 세입자들은 소비를 줄이고, 주거 환경이 열악한 전셋집으로 옮겨 버티고 있다. 다행스럽게도 금리가 오를 가능성이 낮지만, 전세금이 더 오르면 채무 상환이 어렵게 되고 금융회사도 부실해질 수 있다. IMF는 이런 상황을 우려하고 있다.

주택담보대출비율LTV

금융기관이 주택을 담보로 대출해줄 때 적용하는 담보 가치 대비 최대 대출 가능 한도. 즉, 담보 주택 자산 가치의 몇 %를 대출해주는가의 비율이다. 예를 들어 시가 3억짜리 주택의 주택담보대출비율이 50%라면 최대 1억 5000만 원까지만 대출해준다.

저금리하에서 금융회사와 기업의 자금 운용

한국 경제가 구조적으로 '저금리 경제'로 접어들면서 각 경제 주체들이 자금을 어떻게 조달하고 운용해야 할지 고민하고 있다. 저금리는 언제까지 지속될 것인가? 그리고 어떻게 대응해야 할 것인가?

구조적으로 저금리 경제

한국 경제는 1997년 IMF 경제위기 이후부터 구조적으로 저금리 경제로 접어들었다. 그 이전까지는 가계의 저축률이 높았음에도 기업들이 투자를 더 많이 했다. 그러다 보니 한국 경제에서 국내 총투자율이 총저축률을 웃돌았다. 국민 경제 전체적으로 보면 투자는 자금 수요이고, 저축은 자금 공급이다. 1990년에서 1997년까지는 저축보다 투자가 많았고 자금이 부족해서 고금리 경제였다. 그러나 1997년 위기 이후 경제 각 부문에서 구조조정이 이루어졌다. 특히 기업 부문에서 과잉 투자된 부실 기업들이 구조조정되면서 투자가 줄어들었다. 그래서 1998년부터는 저축률이 투자율을 웃돌게 되었고, 이 시기부터 한국 경제에서 자금 공급이 수요보다 많아졌고 구조적으로 금리가 낮아지기 시작했다.

한편 한 국가에서 저축률이 투자율을 넘을 때, 균형 재정을 가정하면 경상수지가 흑자이다. 경상수지가 흑자를 기록하면 그만큼 달러가 들어오기 때문에 원화 가치가 상승(원/달러 환율이 하락)하게 된다. 원화 가치가 오르면 해외에서 물건을 더 싸게 수입할 수 있다. 물가가 하락하면 시장 금리도 떨어진다. IMF 경제위기 이후 저축률이 투자율을 넘어서면서 직접적으로는 자금의 공급이 수요보다 많아졌고, 간접적으로 경상수지 흑자를 통한 환율과 물가 안정으로 구조적으로 저금리 경제가 정착된 것이다.

여기다가 2008년 미국에서 시작된 글로벌 금융위기는 우리 금리를 한 단계 더 낮췄다. 선진국 가계를 포함한 민간 부문의 부실이 경제위기로 이어졌고, 선진국 정부는 경기 부양을 위해 재정 지출을 늘렸을 뿐만 아니라 금리 인하와 더불어 과감하게 돈을 풀었다. 이와 더불어 글로벌 경제의 수요 위축으로 미국 등 선진국 경제가 잠재 능력 이하로 성장하면서 디플레이션 현상이 나타났다. 이에 따른 선진국의 금리 하락은 우리 금리를 더 떨어뜨리는 데 일조했다.

금리 1%대 시대 대비해야

선진국뿐만 아니라 중국 등 이머징 마켓 경제도 잠재 수준 이하로 성장하면서 물가가 안정될 것이기 때문에 최소한 2~3년 정도는 세계 각국의 중앙은행이 통화 정책을 신축적으로 운용할 가능성이 높다. 한국도 예외가 아니다. 국회예산정책처 등 일부 기관에서 한국의 잠재 성장률을 3%대로 추정하고 있다.

이미 노동과 자본 증가에 따른 고성장 시대는 지났다. 생산성이 당장 크게 증가할 가능성이 낮기 때문에 갈수록 잠재 성장률은 더 떨어질 것이다. 더욱 큰 문제는 국내외 수요 부족으로 경제가 잠재 성장률 이하로 성장하면서 이것이 다시 투자 위축으로 이어져 잠재 성장률을 더 낮출 수 있다는 점이다. 고성장 과정에서 겪었던 인플레이션 시대는 가고 디플레이션 시대가 올 수 있다는 것이다. 경제 성장률이 낮아지고 물가가 떨어지면 금리도 더 낮은 수준을 유지할 전망이다. 여기다가 중국의 금융자산이 빠르게 축적되고 있는데, 이 돈이 한국 채권시장으로 더 들어오면 예상보다 빨리 금리 1%대 시대를 맞이할 것이다.

기업 자금 조달과 함께 운용도 중요

저금리 시대에 가장 큰 혜택을 보는 경제 주체는 기업이다. 왜냐면 기업은 일반적으로 돈을 빌려 쓰기 때문이다. 금리가 하락하면서 기업의 금리 부담이 많이 낮아졌다. 또한 1997년 경제위기를 겪는 과정에서 구조조정으로 기업의 부채가 줄었다. 1997년 비금융법인 기업의 부채가 국내총생산의 127%까지 올라갔으나, 2005년에는 86%로 떨어졌다. 2008년 이후로는 110% 정도를 유지하고 있으나, 경제위기 이전과 비교하면 낮은 수준이다.

반면에 기업의 금융자산은 꾸준하게 늘고 있다. 저금리와 구조조정으로 일부 대기업의 이익이 크게 증가했기 때문이다. 여기다가 두 차례의 경제위기를 거치면서 국민총소득 중 더 많은 몫이 기업으로 갔다. 1997년 이전에는 국민총소득 중에서 기업이 15%를 가지고 갔으나, 최근에는 그 비중이 23%로 늘었다. 기업의 이익이 증가한 만큼 근로자의 임금이 오르지 않은 것이 기업 몫이 증가한 가장 중요한 요인이다. 기업의 금융자산은 늘고 부채는 상대적으로 줄어들다 보니, 2007년 한때는 기업의 금융자산이 부채보다 1조 원이나 더 많은 특이한 현상이 나타나기도 했다.

기업이 돈을 버는 데 투자를 상대적으로 줄였기 때문에 금융시장에서 기업의 자금 수요도 위축되었다. 예를 들면 2008년에 민간 기업들이 금융시장에서 183조 원의 자금을 조달했으나, 2012년에는

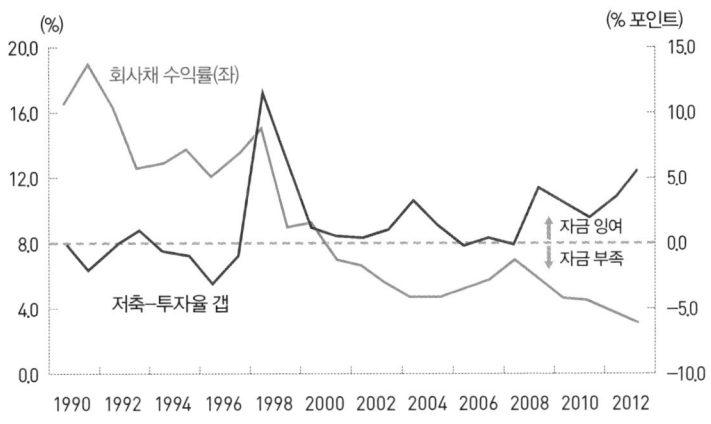

저축-투자율 갭과 금리

주: 회사채는 AA- 무보증 3년 기준
자료: 한국은행

그 금액이 105조 원으로 줄었다. 특히 금융회사에서 기업이 빌려 쓴 돈이 같은 기간 114조 원에서 14조 원으로 급감했다.

물론 이 같은 상황은 일부 우량 기업에 한정된 것이다. 하지만 기업에 있어서도 자금 조달뿐만 아니라 운용도 중요한 시대가 온 것이다. 이것을 증명하듯 나는 "IMF 경제위기 전에는 자금 조달이 중요했는데, 지금은 자금 운용이 더 중요하다"라고 말하는 기업의 최고재무책임자CFO를 가끔 만난다.

금융회사 국채 매수 늘 전망

금융회사들은 돈이 들어오면 그 돈을 기업과 가계에 대출해주거나 유가증권에 투자한다. 2013년 12월 현재 한국 금융회사들이 가지고 있는 자산은 5721조 원으로, 이 중 38%(2146조 원)를 대출에, 36%(2066조 원)를 유가증권에 운용하고 있다. 유가증권 중에서는 주식과 채권이 각각 24%와 76%를 차지하였다.

앞으로 금융회사들의 자산 운용 중 대출 비중은 상대적으로 줄고 유가증권 투자는 늘 가능성이 높다. 이미 앞에서 본 것처럼 기업들이 돈을 버는 데, 투자를 과거처럼 많이 하지 않을 것이기 때문이다.

여기다가 개인도 2013년 12월 현재 1223조 원에 이르는 높은 금융 부채를 짊어지고 있어서 돈을 마냥 빌려 쓰지는 않을 것이다. 그렇다면 금융회사들은 유가증권 투자를 늘릴 수밖에 없다. 유가증권 중에서도 안정성이 높은 국채를 매입할 가능성이 높다. 이는 저성장과 저물가로 이미 낮아진 시장 금리를 더 낮출 것이다. 금리 하락은 결국은 은행의 예대 마진을 축소시켜 은행의 이익을 줄이고 나아가서는 역마진으로 보험회사들을 생존 경쟁에 직면하게 할 것이다.

저금리 시대
개인의 자산 운용

요즘 자산가들을 만나면 "돈이 불어나지 않는다"는 이야기를 자주 듣게 된다. 부동산은 가격이 하락하는 가운데 거래마저 잘되지 않는다. 은행에 돈을 맡겨도 금리는 3% 이하이다. 여기다가 주가도 제자리걸음이기에 주식투자에서 돈 벌기도 쉽지 않다.

과연 한국 개인들은 금융자산에 투자할 여력이 얼마나 있고 어떤 금융자산을 선호하고 있는가? 매 분기 발표되는 한국은행의 자금순환표에서 그 답을 찾을 수 있다. 노후에 대비하면서 보험 및 연금에 대한 수요는 증가하고 있는 반면, 주식투자는 상대적으로 줄어들고 있다.

개인 금융자산이 부채보다 더 빠르게 증가

한국 개인들이 금융자산을 살 여력이 있는가를 보기 위해 우선 개인의 금융자산과 부채를 살펴보자. 1998년에서 2002년 사이에는 개인의 금융자산보다 부채가 훨씬 더 빠른 속도로 증가했다. 예를 들면 1998년 651조 원이었던 금융자산이 2002년에는 1085조 원으로 1.7배 늘어났는데, 부채는 226조 원에서 535조 원으로 2.4배나 증가했다. 이에 따라 개인의 금융자산/부채 비율이 같은 기간 2.9배에서 2.0배로 떨어졌다.

이때 한국 가계가 부실해진 주요 이유는 다음 세 가지 정도이다. 첫째, 가계가 저금리에 적응하지 못했다. 1997년 외환위기를 겪으면서 한때 30%대까지 올라갔던 시장 금리가 2001년에는 6% 안팎으로 낮아졌다. 둘째, 경제위기를 겪으면서 기업들이 구조조정을 하고 돈을 벌었으나 투자는 과거보다 상대적으로 줄였다. 은행은 기업이 돈을 가져다 쓰지 않으니 가계 대출을 늘릴 수밖에 없었다. 1998년에는 은행의 대출 중 기업이 차지하는 몫이 71%였으나 2002년에는 52%로 낮아졌고 가계 대출은 같은 기간 29%에서 48%로 높아졌다. 금리가 갑자기 낮아지고 은행이 돈을 값싸게 쓰라고 하니 일부 가계가 '은행 돈이 내 돈이다' 식으로 은행 돈을 빌려 소비하고 부동산과 금융자산을 사들였다. 셋째, 정부도 가계 부실에 기여했다. 2001년 9·11 테러 이후 세계 경제가 급격하게 위축되면서 그해 한국 수출이

13%나 줄어들었다. 그래서 정부는 금리를 인하하는 등 내수 부양책을 썼다. '저금리에 적응하지 못한 가계, 은행의 가계 대출 증가, 정부의 내수 부양'이라는 삼박자가 맞아 들어가면서 가계가 부실해진 것이다.

그러나 2003년부터는 개인의 금융자산이 부채보다 조금 더 빠르게 증가하고 있다. 2013년 12월 말 현재 한국 개인이 가지고 있는 금융자산이 2642조 원으로 부채(1223조 원)보다 2.2배 더 많다. 2002년 2.0배에 비해서는 약간 개선된 셈이다. 이러한 금융자산 및 부채의 잔액뿐만 아니라 개인의 자금 운용 및 조달 측면에서도 개인의 자금 잉여가 늘고 있다. 개인들은 전체적으로 보면 금융회사에 저축한 돈이 빌려 쓴 것보다 더 많다.

반면에 기업은 금융회사에 돈을 차입해서 투자한다. 그래서 개인을 '자금 잉여 주체' 기업은 '자금 부족 주체'라 한다. 2002년에 한국 개인들의 자금 잉여가 마이너스 5조 원이었다. 개인들이 금융회사에서 빌려 쓴 돈이 저축한 돈보다 5조 원 더 많았다는 의미이다. 개인이 기업처럼 자금 부족 주체가 되는 기현상이 발생한 것이다. 그러나 그 이후 꾸준하게 개선되는 추세를 보이고 있다. 특히 2013년에 개인 부문의 자금 잉여가 87조 원으로 규모로는 사상 최고치를 기록했다.

개인의 금융자산 중 주식 비중은 감소

그렇다면 개인은 늘어난 금융자산을 어떻게 운용하고 있는가? 2013년 12월 말 현재 한국 개인은 2642조 원의 금융자산을 보유하고 있다. 이 중 현금과 예금이 1201조 원으로 46%를 차지한다. 2005년 48%에서 2%포인트 낮아졌다. 금리가 떨어져 은행 예금으로 만족할 만한 수익률을 거둘 수 없었고, 가계가 노후를 대비하기 위해 자산을 다변화할 필요가 있었기 때문이었다.

개인이 은행에 맡긴 돈이 줄어든 만큼 보험과 연금을 찾아가는 돈은 꾸준하게 늘고 있다. 개인의 금융자산 중 보험 및 연금 비중이 2005년 22%에서 2013년에는 29%까지 크게 증가했다. 노후 대비를 위해 보험 수요가 늘어난 탓도 있지만, 국민연금 등 일종의 강제 저축에 기인한 것으로 보인다.

주식과 채권 투자 비중은 2011년부터 계속 줄어들고 있다. 특히 주식 비중 감소세가 두드러지게 나타나고 있다. 개인의 금융자산 중 주식 비중이 2007년에는 21%까지 올라갔으나, 2011년부터는 비교적 큰 폭으로 감소하면서 2013년에는 17%까지 낮아졌다. 주식투자 금액 자체도 같은 기간 439조 원에서 442조 원으로 정체되었다. 이는 주가가 추세적으로 상승하지 못하고 조정을 보이고 있기 때문이다. 2011년 2231까지 올라갔던 주가지수(코스피 기준)가 그 이후로는 주로 1800에서 2050 사이에서 제자리걸음을 하고 있다.

그러나 무엇보다도 개인들이 주식시장에 실망했기 때문에 금융자산 중 주식 비중이 줄어들고 있다. 2007년에서 2008년 사이에 주식시장에 대한 낙관적 시각이 지배하면서 대부분의 증권사와 은행들이 '주식형 펀드 캠페인'을 했다. 증권사야 어쩔 수 없었다 할지라도 은행까지 수입원 다변화를 외치면서 주식형 펀드로 자금을 끌어모았다. 안정성을 추구하면서 은행의 저축성 예금에 남아 있어야 할 돈들이 주식투자로 이동하기도 했다. 이에 따라 2007년에서 2008년 8월 사이에 주식형 펀드로 98조 원 정도의 대규모 자금이 유입되었다. (나도 당시 한 증권사에 근무하면서 자의든 타의든 '랩' 상품을 만들어 2000억 원 이상을 끌어들인 적이 있었다. 이 시기가 금융회사에 근무하면서 가장 부끄러운 때였다.)

그러나 이렇게 많은 돈이 주식시장으로 들어오자마자 2008년 미국에서 시작한 글로벌 금융위기로 주가는 폭락했다. 이 때문에 금융회사에 대한 신뢰도가 추락하고 주식시장에 대한 개인들의 믿음도 사라져 갔다. 그 이후 주식시장에서 개인들의 자금이 지속적으로 유출되고 있다. 2014년 4월 말 현재 주식형 펀드 잔액이 82조 원으로 최고점을 기록했던 2008년 8월 144조 원에 비해 무려 62조 원이나 줄었다.

한국 개인의 금융자산 운용을 미국·일본과 비교해보면 다음 그림과 같다. 우선 미국 개인의 경우 금융자산 중 현금 및 예금 비중은 2013년 12월 현재 13%로 매우 낮은 반면 주식 비중은 34%로 높

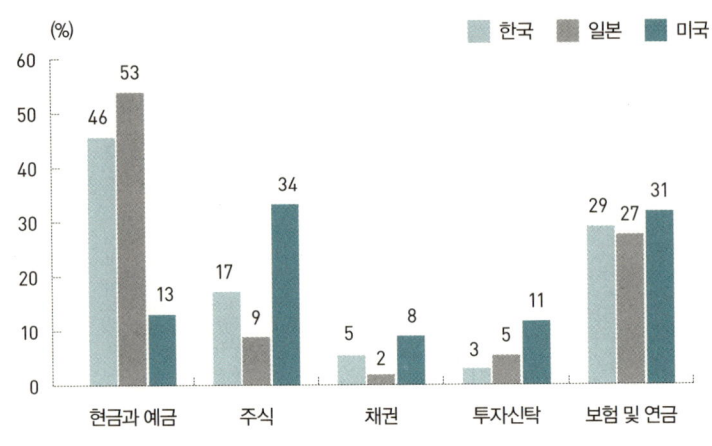

주: 2013년 기준
자료: 한·미·일 중앙은행

다. 보험 및 연금 비중은 31%이다. 그러나 일본 개인의 경우는 안전 자산 선호 현상이 뚜렷하다. 일본 개인들은 금리가 거의 '영'(0) 퍼센트에 가까운데도 주로 은행에 돈을 맡기고 있다. 현금과 예금 비중이 53%로 금융 자산의 절반 이상을 차지한다. 그 대신 주식 비중은 9%로 미국의 1/4정도로 낮은 수준이다.

앞으로 한국 개인들의 자산 배분이 미국 쪽으로 갈 것인가 아니면 일본과 유사한 모습을 보일 것인가? 우선 개인의 자산 중 보험 및 연금 비중은 29%로 미국과 일본 등 선진국 수준에 이르러 더 이상 올라가지는 않을 것이다. 문제는 현금 및 예금과 주식 보유 비중의 변화에 있다. 미국처럼 예금 비중은 낮고 주식 비중은 높아질 것인가? 아니면 일본과 같이 예금 비중이 높아질 것인가?

한국의 경제 환경을 보면 일본 쪽으로 갈 가능성이 더 높아 보인다. 한국은 잠재 성장률이 3% 안팎으로 떨어지는 등 구조적으로 저성장 국면으로 접어들었다. 1990년대 초에 일본이 보여주었던 것처럼 이런 국면에서 주가가 추세적으로 상승하기 어렵다. 글로벌 경쟁력을 갖는 기업의 주가는 지속적으로 상승하겠지만, 주가지수는 잘해야 일정 범위 내에서 변동할 가능성이 높다. 주식을 오래 가지고 있다고 해서 돈을 버는 시기가 아니라는 것이다. 기간에 따라 자산 배분을 적절히 하는 헤지펀드가 더 높은 수익을 낼 수 있는 시대가 전개되고 있다. 여기다가 앞서 살펴본 것처럼 2007~2008년 주식형 펀드에 가입했다가 손실을 본 많은 투자자의 쓰라린 기억이 아직도 지워지지 않고 있다. 개인의 자산 중 주식 비중이 현재보다 크게 늘지는 않을 것이다. 그래서 외국인들의 한국 주식시장에 대한 영향력은 더 커질 수밖에 없다.

국민연금, 우리 돈 잘 굴리고 있나?

우리는 매월 월급 명세서에서 상당한 돈이 국민연금으로 빠져나가는 것을 보게 된다. 과연 국민연금이 우리 노후 생활에 도움을 줄 수 있을 정도로 돈을 잘 운용하고 있는가? 이와 더불어 주식투자자라면 국민연금이 주식을 얼마나 사고 주가에 어떤 영향을 줄지도 궁금할 것이다. 이 두 가지 질문에 대한 답을 간단히 하자면 다음과 같다. 우선 국민연금은 지난 10년 동안 높은 투자 수익률을 냈으나, 한국 경제가 구조적으로 저성장·저금리 국면에 접어든 만큼 앞으로 투자 수익률은 낮아질 수밖에 없다. 다음으로 국민연금의 주식투자 금액이 크게 늘어나는 만큼 주식시장에 대한 영향력도 커질 것이다.

국민연금, 400조 원 이상 금융자산 운용

국민연금은 2014년 2월 현재 432조 원(시가 기준)의 금융자산을 운용하고 있다. 이 중 58%에 해당하는 281조 원을 채권에, 147조 원(31%)을 주식에 투자하고 있다. 그리고 55조 원(11%)을 대체 투자로 운용하고 있다.

국민연금의 자산 운용 추이를 좀 더 자세히 보면, 채권 비중이 1998년 77%에서 2014년 2월에는 58%로 줄었다. 채권이 줄어든 만큼 주식과 대체 투자가 늘었다. 특히 주식 비중이 같은 기간 13%에서 31%로 2배 이상 증가했다. 주식 중 국내 주식 비중은 13%에서 20%(97조 원)로 늘었다. 또한 2002년부터 해외 주식에 투자를 시작했는데, 2014년 2월 현재 해외 주식투자 비중이 11%(51조 원)로 가장 빠른 속도로 증가하고 있다.

비교적 높은 투자 수익률 거뒀지만, 앞으로가 문제

400조 원 이상의 거대한 자금을 운용하는 국민연금의 투자 성적은 어떨까? 지금까지는 비교적 양호한 편이다. 다음 그림은 2002년부터 2011년까지 10년 동안 국내외 주요 연금의 투자 수익률을 비교한 것이다. 이 기간 국민연금의 연평균 수익률은 6.6%로 세계 주요 연금 펀드와 비교해볼 때 가장 높았다. 같은 기간 미국 캘퍼스CalPERS의 연

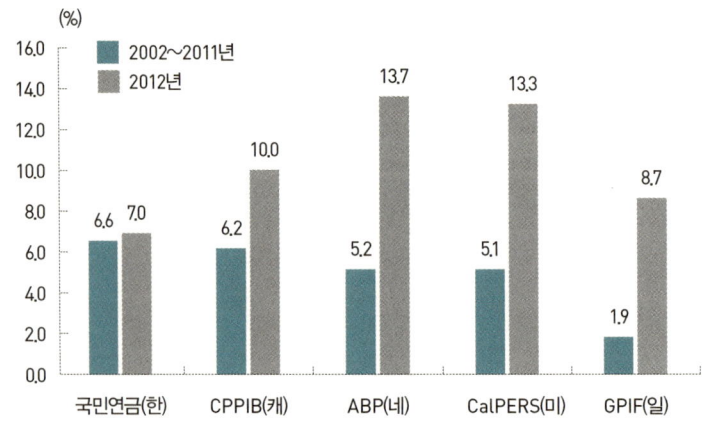

주: 2002~2011년의 경우 연평균 수익률
자료: 각 기금의 연간 보고서 및 보도 자료(보건복지부 재인용)

평균 수익률이 5.1%였고, 세계 최대의 자금을 운용하는 일본 국민연금GPIF의 수익률은 1.9%에 지나지 않았다. 더욱이 표준편차는 가장 낮아 한국 국민연금이 자산을 안정적으로 운용하면서도 비교적 높은 투자 수익을 거두었던 것으로 평가할 수 있다.

그러나 2012년 한 해 성적만 보면 다소 부진했다. 2012년 국민연금은 392조 원의 자산을 운용해 7.0%의 수익을 냈다. 2012년 미국의 캘퍼스가 13.3%의 수익률을 거뒀고, 그동안 가장 낮은 수익률을 냈던 일본 국민연금 수익률도 8.7%로 우리보다 높았다. 이는 2012년 한국 경제가 저성장(2.8%)을 하면서 연평균 국채(3년) 수익률이 3.1%로 사상 최저치를 기록한 데다가 주가도 다른 나라에 비해서 상대적으로 덜 오른 데 기인한 것으로 판단된다. 2012년 코스피가 9.4% 오른 반면에 일본의 대표적 주가지수인 닛케이225는 22.9%나 상승했고, S&P500도 13.4% 올랐다.

　문제는 이러한 경제 현상이 일시적인 것이 아니라 장기 추세일 가능성이 높다는 데 있다. 한국 경제의 잠재 성장률이 3% 안팎으로 떨어진 것으로 추정된다. 여기다가 최근 실제 성장률은 2%대로 그 이하이기 때문에 디플레이션 압력마저 나타나고 있다. 일반적으로 시장 금리는 경제 성장률과 물가 상승률의 합으로 표시되는데, 둘 다 과거보다 낮아지는 추세에 있다. 또한 한국 경제에서 저축이 투자보다 많아 자금의 초과 공급 현상도 지속되고 있다. 저금리가 계속될 수밖에 없는 환경이고, 그래서 국민연금이 채권투자에서 과거처럼 높은 수익률을 거둘 수 없게 된 것이다. 2013년 국민연금의 투자 수익률이 4.19%로 이미 크게 떨어지고 있다.

　주식시장도 그렇게 좋지 않다. 1997년 경제위기 이후 구조조정을 하면서 주가가 한 단계가 올랐다. 그러나 2012년 이후로는 우리 주가가 추세적으로 상승하지 못하고 일정 범위 내에서 움직이고 있다. 경제가 구조적으로 저성장 국면에 접어들면 국채 수익률과 주가가 같이 떨어진 것을 우리는 1990년 이후 일본의 사례에서 볼 수 있었다.

　2006년 이후 국민연금의 연평균 운용 수익률이 회사채(3년 AA−) 수익률의 1.12배였다. 앞으로 몇 년 동안 회사채 수익률이 3% 안팎에서 움직일 가능성이 높다. 해외 금융상품(주식·채권)과 대체 투자에서 높은 투자 수익률을 거두지 못하면 앞으로 국민연금이 연평균 4% 수익률만 내도 박수를 쳐야 할 시대가 오고 있는 것이다.

국민연금 주식 1% 늘리면 주가는 0.35% 상승

이제 국민연금이 주식을 얼마나 사고 주가에 어느 정도 영향을 줄 것인지에 대한 두 번째 질문에 답할 차례이다.

2013년 3월 국민연금재정추계위원회의 보고서에 따르면 현행 제도가 유지될 경우, 국민연금 적립 기금이 2043년까지 증가하며 그 규모가 최대 2561조에 이를 것으로 전망되었다(적립 기금이 2013~2015년 연평균 11.5%, 2015~2020년 13.0%, …… 2035~2040년 2.8% 증가한다는 것을 전제한 수치이다. 경상 GDP 성장률도 같은 기간에 각각 6.9%, 8.2%, 3.8% 등을 가정하였다. 내가 보기에 2020년까지는 다소 낙관적이다. 2013~2020년 경상 GDP 성장률은 위원회의 추정보다 낮은 5% 안팎일 것으로 전망된다).

다소 낙관적인 전망이지만 국민연금의 적립금이 이처럼 증가한다면, 연금의 국내 주식 매수도 증가할 수밖에 없다. 특히 국민연금기금운용위원회는 앞으로 5년간 전략적 자산 배분안을 마련해서 발표했는데, 이에 따르면 2012년 현재 18.8%인 국내 주식투자 비중을 2018년에는 20% 이상으로 올릴 계획이다.

국민연금재정추계위원회가 예상한 것처럼 국민연금 적립 기금이 증가하는 가운데 주식 비중을 20%로 늘린다면, 2018년 국민연금의 국내 주식투자 금액은 2012년 말 73조 원(2013년 11월 84조 원)에서 2018년에 155조 원으로 2배 이상 증가하게 된다. 만약 주식 비중이 25%이면 그 규모는 193조, 30%이면 232조 원으로 크게 증가한다.

국민연금은 이미 한국 주식시장에 큰 영향을 주고 있다. 국민연금의 국내 주식보유액이 상장주식 시가총액에서 차지하는 비중은 1998년 0.9%에 불과했으나, 2012년에는 6.4%로 높아졌다. 앞서 살펴본 것처럼 국민연금이 계속 주식을 산다면 국민연금의 시가총액 비중은 9%(국내 주식 비중 20% 경우)에서 13%(30% 경우)까지 늘어날 전망이다. 이렇게 된다면 국내 대부분 우량 기업의 대주주는 국민연금이 된다고 해도 과언은 아닐 것이다.

국민연금의 주식 비중이 높아진 만큼 연금의 주가에 대한 영향도 커졌을 것이다. 이를 보기 위해 1998~2012년 주가(코스피)를 종속변수로, 국민연금 국내 주식 매수액(매입가 기준)을 설명 변수로 하여 회귀식을 추정했는데, 그 결과가 아래와 같다. 이에 따르면 국민연금이 주식을 1% 늘렸을 때, 주가지수(코스피)는 0.35% 상승했다.

국민연금 국내 주식 매수의 주가 탄력도

Log(KOSPI) = 6.16 + 0.35*Log(국민연금 국내 주식 매수 금액)
　　　　　　　　(1.1)　　(6.22)
R**2=0.75, D-W = 2.18
( )는 t 값

다른 조건이 일정하다고 가정하고 위에서 살펴본 것처럼 국민연금이 주식을 매입하고 주가 탄력도가 과거와 같다면, 주가지수(코스피지수)는 2018년까지 꾸준하게 상승할 전망이다. 국민연금이 국내 주식 비중을 20%로 유지하면 2018년 주가지수는 2547로 추정된다. 주식 비중이 25%, 30%로 더 는다면 주가지수는 각각 2670, 2747로 더 오르게 된다. 물론 이러한 추정치는 주가 전망이라기보다는 우리 주식시장에서 국민연금의 역할을 재차 강조하기 위한 것이다.

금융업 구조조정:
금융회사들이 사라진다

지난 20여 년 동안 금융 업종 주가 정체

한국 주식시장은 1992년부터 외국인에게 개방되기 시작했다. 1992년에서 2014년 4월까지 코스피가 3.2배 정도 올랐다. 이 기간 제조업 주가가 6.6배 상승했으나, 금융업 주가는 오히려 55%나 하락했다. 보험업 주가가 11배 올랐음에도 은행과 증권업 주가가 각각 64%와 30% 떨어졌기 때문이다.

왜 금융업 주가가 이렇게 오르지 못했을까? 그리고 앞으로는 어떻게 될 것인가? 금융업 주가가 부진한 이유는 한국 경제가 저성장·저금리 경제로 가면서 금융업의 수익성이 떨어진 데 있다. 한국 경제는 1980년대에 연평균 10%를 넘는 고성장을 달성했다. 그러나 1988년 올림픽 경기를 개최한 이후 1997년까지 경제 성장률이 7% 안팎으로 떨어졌다. 고성장 시기에 기업들이 투자를 많이 해 공급은 늘었으나 경제 성장이 한 단계 둔화되는 과정에서 수요가 이를 뒷받침하지 못하자, 기업이 부실해지고 나아가서는 금융회사도 부실해졌다. 1997년에는 IMF 관리 체제하에서 구조조정을 통해 부실을 털었다.

기업 측면에서 구조조정이란 좋은 기업은 살리고 나쁜 기업은 시장에서 퇴출하는 것이다. 구조조정과 함께 경제 성장 구조가 '양'에서 '질' 위주로 변화하는 과정에서 경제 성장률은 4%대로 떨어졌다. 그리고 2008년 미국에서 시작된 글로벌 금융위기 이후 민간 부문의 디레버리징으로 세계 경제 성장이 둔화되고 한국 경제의 잠재 성장률도 3% 안팎으로 더 낮아졌다. 이명박 정부 5년 동안 연평균 경제 성장률이 3.2%에 지나지 않은 점은 시사하는 바가 크다.

저성장 시대에 들어서면서 국민 경제의 저축률이 투자율을 웃돌면서 저금리 시대가 도래했다. 2013년에 국고채(3년 만기) 수익률이 2.5%까지 떨어져 사상 최저치를 기록했다. 금리가 이렇게 하락하는 가운데 은행의 예대 금리 차가 줄어들고 은행의 수익성도 악화되고 있다. 예를 들면 은행의 자기자본이익률$_{ROE}$이 2007년 14.6%였으나 2013년에 4.9%로 떨어졌다. 보험사 역시 저금리로 운용 자산의 수익률이 하락하면서 역마진을 우려하고 있다. 한편 증권업은 주식시장 침체로 거래 대금이 줄어들면서 수익성이 크게 떨어져 적자생존의 치열한 경쟁을 해야 할 처지에 놓여 있다.

자기자본이익률 return on equity, ROE
기업이 투자된 자본을 사용하여 이익을 어느 정도 올리고 있는가를 나타내는 기업의 이익 창출 능력. (연간 순이익/자기자본)×100%로 계산한다. 이 비율이 높을수록 이익이 높다.

기업, 은행에서 돈 덜 빌려 써

금융 업종 주가 중에서도 은행주가 제일 부진했다. 그 이유는 앞서 살펴본 저성장·저금리 경제 환경에 있지만 보다 구체적으로 다음과 같은 두 가지 이유 때문이다.

우선 기업들이 은행 자금을 덜 빌려 쓰고 있다. 고성장 시대에는 수익성 높은 투자 기회가 많아 기업이 은행에서 자금을 조달해 투자를 늘렸다. 그러나 1997년 경제위기를 거치면서 기업의 투자가 양에서 질 위주로 변화하는 가운데 기업들의 자금 수요가 줄었다. 여기다가 구조조정을 겪은 기업들이 이익을 내면서 축적된 내부 자금으로 투자했다. 또한 일부 우량 기업들은 주식이나 채권 발행을 통해서 은행 대출보다 자금을 더 싸게 조달할 수 있었다.

다음으로 가계도 은행에다 돈을 덜 맡겼다. 한국은행이 작성하는 자금 순환표에 따르면 한국 가계는 2000년에 금융자산의 55%를 은행에 위탁했다. 그러나 장기적으로 저금리가 지속되고 은행 예금으로만 노후를 대비할 수 없다는 판단에서 가계가 은행을 덜 찾았다. 2010년에 가계 금융자산 중 은행 예금이 차지하는 비중이 45%로 10년 전보다 10%포인트 떨어졌다. 2011년에는 주식시장 침체로 46%로 올라갔으나 그 이후 큰 변동이 없다. 낮은 은행 금리 때문에 앞으로도 이 수준에서 크게 벗어날 가능성은 낮아 보인다.

은행은 기본적으로 예대 금리 차로 먹고 사는 회사다. 가계가 은행에 돈을 덜 맡기고 기업은 은행에서 돈을 덜 빌려 쓰는데 어떻게 은행이 더 많은 이익을 낼 수 있겠는가? 한국 경제가 구조적으로 저성장 국면에 접어들었기 때문에 앞으로도 기업들이 투자를 크게 늘리지는 않을 것이다. 2013년 현재 1000조 원이 넘는 부채를 짊어지고 있는 가계도 은행에서 돈을 더 많이 빌리지는 않을 전망이다. 최근 35~55세 인구 비중의 감소와 더불어 집값이 하락하고 있는데, 이 추세가 장기화되면 은행은 또 다른 어려운 국면에 직면할 가능성이 높다.

역마진에 시달릴 보험업

그동안 한국 보험업은 금융업 내에서 성장성이 가장 컸다. 개인의 금융자산이 보험 쪽으로 지속적으로 유입되었기 때문이다. 2000년에 한국 개인 자산 중 보험 및 연금이 차지하는 비중이 18%였으나, 2013년에는 29%까지 올라왔다. 이를 선 반영하면서 은행과 증권업 주가는 떨어졌는데도 보험업 주가는 2007년까지 큰 폭으로 올랐다. 그러나 일본과 미국에서 개인 자산 중 보험과 연금 비중이 27~31% 정도인 것을 고려하면 한국도 거의 한계에 도달하고 있음을 짐작할 수 있다. 2009년부터는 보험업 주가가 추세적 상승을 멈추고 조정을 보이고 있다. 주가가 보험업의 어두운 미래를 미리 보고 있는 것이다.

보험업의 더 큰 시련은 저금리에 따른 역마진이다. 한국 생명보험 회사들의 상품 구조를 보면 약 60% 정도가 3% 이상의 금리를 보장하는 저축성 보험 등으로 구성되어 있다. 2013년 한때 국고채 3년 수익률이 2.5%로 떨어져 사상 최저치를 기록했고, 10년 국고채 수익률도 3% 중반에서 움직이고 있다. 한국 경제의 잠재 성장률이 3% 아래로 떨어지고 있기 때문에 금리가 추세적으로 오를 가능성은 매우 낮다. 금리가 낮더라도 국채 수요는 늘고 있다. 기업이 돈을 많이 빌리지 않기 때문에 은행들은 국채를 더 살 것이다. 여기다가 2013년 말 현재 3조 8000억 달러의 외환을 보유하고 있는 중국이 한국 국채를 사들이고 있다. 앞으로 5년 이내에 국채 수익률이 2% 이하로 떨어질 가능성이 높은데, 3% 이하의 금리는 보험회사들에게 '신들의 황혼$_{Ragnarok}$'일 것이다.

시황 변동에 민감한 증권업도 어렵기는 마찬가지이다. 한국 증권회사 수익 중에서 수탁 수수료가 차지하는 비중은 63%(2013년 기준)

로 매우 높다. 골드만삭스의 주식 관련 수수료 비중은 24%에 지나지 않는다. 최근 주식시장 거래 대금이 코스피와 코스닥 합쳐서 6조 원 안팎인데, 경쟁적으로 수수료를 낮춘 증권회사들이 이익을 낼 정도는 아니다. (2007년 0.149%였던 평균 수수료율이 2013년에는 0.093%까지 떨어졌다.) 멀리 보면 서서히 고사해가는 증권사도 나올 것이다.

> **신들의 황혼** Ragnarok
> 북유럽 신화에 등장하는 예언. 신족과 거인족 사이에 '신들의 황혼'이라는 전쟁이 일어나 대부분의 신들이 죽고 그중 살아남은 몇몇이 새로운 세계를 건설할 것이라고 한다.

경쟁력 없는 금융회사, 시장에서 퇴출

지금까지 금융 업종 주가가 정체된 이유를 살펴보았다. 문제는 이것이 일시적 요인이 아니라는 데 있다. 아직 박근혜 정부도 금융업을 '산업'으로 적극 육성할 의지를 보이지 않고 있다. 국민 경제에서 금융의 역할은 실물을 뒷받침하는 정도에 그쳐야 하는 것으로 인식하고 있는 것 같다.

저성장·저금리 경제 환경이나 정책 측면에서 보면 모든 금융회사가 다 같이 잘 사는 시대는 지났다. 앞으로 몇 년 동안 적자생존을 거치면서 살아남는 몇 개의 금융회사들만 더 이익을 내는 시대가 올 것이다. 일본의 금융산업이 구조조정을 겪으면서 은행이 3개 그룹으로 통폐합되었고, 1998년 11개이던 생명보험사가 최근에는 4개로 재편되었다. 증권회사도 고사하거나 인수합병을 통해 많이 없어졌다.

일본 등 선진국 사례를 보면 구조조정 과정에서 저위험 사업 중심으로 사업 구조를 확대 개편하면서 안정적인 수익성을 확보하는 회사, 핵심 사업 위주로 사업을 재편하고 지역별·고객별 차별화를 추구하는 회사, 온·오프라인 통합과 스마트화로 마케팅 채널의 효율성을 제고하는 회사들은 살아남아 성장했다. 또한 신흥국 시장에 자국 기업과 동반 진출하여 글로벌 금융회사로 성장하여 자국의 금융산업 침체에 대응하고 있다. 이제 살아남은 금융회사들의 주가만이 차별적으로 상승하는 시대가 올 것이다. 금융회사도 골라서 거래해야 한다.

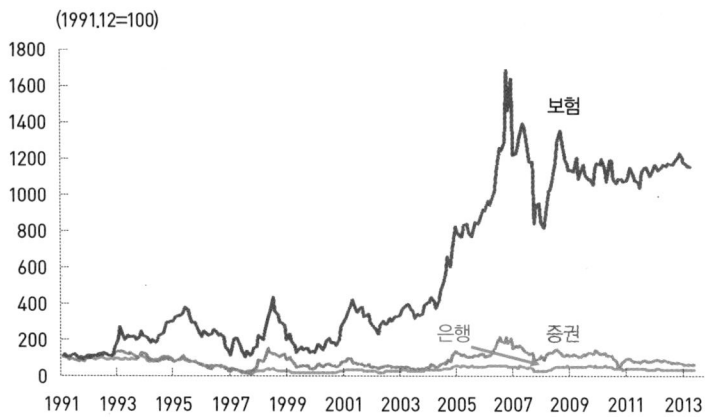

은행과 증권업 주가에 이어 보험업 주가도 정체

자료: KRX

에|필|로|그

희망의 시나리오는 있다

나는 이 책에서 중국의 부실 처리 과정에서 글로벌 경제위기가 시작되어 결국은 달러 가치가 붕괴되는 극단적인 시나리오를 제시했다. 이런 시나리오가 2016~2017년 사이는 아니더라도 미래 어느 날 발생할 가능성이 높다. 영원히 지속할 수 없는 것은 영원히 지속하지 않고, 불균형은 언제나 시장의 힘에 의해서 균형으로 복귀하기 때문이다.

이런 글로벌 경제 상황에서 한국 경제는 저성장의 늪으로 빠지고 있다. 한국 경제의 미래를 내다보면 인플레이션보다는 디플레이션 시대가 올 가능성이 더 높다. 그래서 정책 당국자 특히 한국은행의 역할이 중요하다는 것을 나는 수차례 강조했다.

흔히 말하는 것처럼 위기는 기회다. 나는 증권시장에서 25여 년 동안 이코노미스트로 일해 왔다. 최근 증권시장의 침체가 지속되면서 대부분의 증권회사들이 경쟁적으로 리서치센터의 인력과 비용을 줄이고 있다. 나는 후배 애널리스트들에게 "특별한 능력을 지니지 않았다면 연봉 삭감을 감수하고 일자리를 지켜라"라고 조언한다. 증권시장이 눈에 보이는 시기에 좋아지지 않을 것이기 때문이다. 다른 직장에 있는 사람들에게도 "지금의 일자리를 지켜라" 그리고 "회사에 없어서는 안 될 사람으로 각인시켜라"라고 말해주고 싶다. 일자리를 잃으면 당장 소득이 없는데도 건강보험료 등을 부담해야 한다.

한국 경제가 구조적으로 저성장·저금리 국면에 접어든 만큼 투자 수익률 목표도 낮춰야 한다. 안정적으로 자산 배분을 하는 것이 매우 중요하다.

마지막으로 경제 변화에 맞춘 대응 방안 몇 가지를 정리하면서 책을 마무리하고자 한다. 이 조언이 독자 여러분의 미래에 긍정적 영향을 끼치기를 기대한다.

- 앞으로 10년은 인플레이션보다는 디스인플레이션 혹은 디플레이션 시대다. 가능한 한 부채를 줄여야 한다.
- 갈수록 부동산은 유동성이 떨어지는 자산이 될 것이다. 가계의 자산 중 70% 이상이 부동산인데, 부동산 비중을 더 줄여야 한다. 그러나 고정 소득이 나오는 임대 부동산에는 자산의 일부를 투자해도 좋다. 부동산 투자에서 가장 중요한 것은 '위치'다.

- 집은 투자재가 아니라 소비재다. 집은 단지 사는 곳일 뿐이다. 자동차를 타면 탈수록 그 가치가 떨어진다. 해가 바뀔 때마다 집도 감가상각해야 한다. 투자 목적으로 집을 사지 마라. 전세 제도는 점차 사라질 것이다.
- 금리가 3%에서 장기적으로는 2%, 1%대로 떨어질 것이다. 금융 자산의 30% 이상은 채권에 투자하는 것이 좋다. 특히 글로벌 금융 시장이 매우 불안해질 2016~2017년에 장기 국채를 사라. 2017년 이후에는 우량 회사채를 사는 것도 투자 수익을 올릴 수 있는 좋은 방법이 될 것이다.
- 2017년까지 주식 비중은 많이 늘릴 필요가 없다. 주식을 사려면 변동성이 작고 배당금을 많이 지급하는 기업을 사라. 그래도 위험을 부담하고 주식을 사고 싶다면 생명공학, 웨어러블 컴퓨터, 3D 프린터, 전기 자동차 관련 기업에 투자하라.
- 해외 주식도 포트폴리오에 담아라. 2014년 하반기에서 2015년까지는 미국 비중을 늘리고 그 이후에는 과감하게 줄여라. 2017년 이후에는 중국 기업에 투자하라. 중국 돈으로 중국에서 돈을 벌 기회를 찾아라.
- 자산 가격 변동에 대비할 수 있는 헤지펀드의 투자 비중을 늘려라. 2016~2017년 글로벌 통화 체제가 바뀌는 과정에서 금 가격이 폭등할 것이다. 2015년 후반부터 금 투자를 늘려라.

- 금융회사들이 많이 사라질 것이다. 보험회사도 망할 것이다. 거래 금융회사도 잘 선택해야 한다. 자산 배분을 잘하는 전문가(은행이나 증권사 PB 등)의 도움을 받아라.

참|고|문|헌

1. Stijn Claessens and Lew Ratnovski, "What Is Shadow Banking?", IMF Working Paper, 2014. 02.
2. 박석중, 〈중국 그림자 금융〉, 하이투자증권, 2014.2.3.
3. John H. Makin, "Beware the monetary cliff", AEI, 2013.10.28.

4-5 Dave Reifschneider, William Wascher and David Wilcox, "Aggregate Supply in the United States: Recent Developments and Implications for the Conduct of Monetary Policy", Federal Reserve Board, November 1, 2013.

6. 배리 아이켄그린, 『글로벌 불균형』, 미지북스, 2007, pp.14~17.
7. 《The Wall Street Journal》, 2011. 3. 11.
8. 제러미 시겔, 『투자의 미래』, 청림출판, 2006.
9. 이규성, 『한국의 외환위기』, 박영사, 2006.
10. 국회예산정책처, 〈2013년 및 중기 경제 전망〉, 2012. 10.

3년 후 미래

1판 1쇄 발행 | 2014년 6월 15일
1판 9쇄 발행 | 2015년 10월 20일

지은이 김영익
펴낸이 김기옥

프로젝트 디렉터 기획1팀 모민원, 권오준
커뮤니케이션 플래너 박진모
경영지원 고광현, 이봉주, 김형식, 임민진

디자인 네오북, 투에스
인쇄 미르인쇄 | 제본 정문바인텍

펴낸곳 한스미디어(한즈미디어(주))
주소 우편번호 121-839 서울시 마포구 서교동 양화로 11길 13(서교동, 강원빌딩 5층)
전화 02-707-0337 | 팩스 02-707-0198 | 홈페이지 www.hansmedia.com
출판신고번호 제 313-2003-227호 | 신고일자 2003년 6월 25일

ISBN 978-89-5975-619-3 13320

책값은 뒤표지에 있습니다.
잘못 만들어진 책은 구입하신 서점에서 교환해 드립니다.